JN045802

常 識 を 覆 す
I A メ ソ ッ ド
英 語 速 習 法

英語を話す人になる！

川村悦郎
Etsuro
Kawamura

1

英語は肉、
日本語は米

心理モードを変えよう！

ヒカルランド

まえがき

　この本は、「話す英語」の本です。「読む英語」のための参考書ではありません。つまり、受験勉強の英語の本ではありません。ですから、難しさはどこにもありません。安心してください。

　気楽に、マクドでハンバーガーをかじりながら、あるいは電車で移動しながら時間を有効に使って読んでください。ボク自身の体験がたくさん出てきますが、自分の体験を語るときには、無意識に、くだけた語り口調になると思いますのでよろしく！　まじめな説明に戻るときにはまた、「～です」「～ます」とか言って、自然と文体が変わると思いますが、そのへんは読みやすさを優先して変幻自在にやります。文体の変化自体を楽しんでくれるとうれしいです。本書を読んでくれる日本中の老若男女、Sorry！　善男善女を想像しながら、随所に笑いを盛りこみながら、楽しい「読みもの」にすることに努めます。

　読んでほしいと思っている人たちは、中学生から退職者まで。学生も、社会人も、家庭の主婦も、ビジネスマンも、すべての日本人が対象です。出版界ではよく、「読者対象をしぼれ」などと言いますが、本書に関するかぎり、この指南は有益ではありません。なぜならボクは、日本中の日本人に、ほんとうに英語をしゃべれるようになってほしいと本気で願っているからです。それに、誰がこの本を読んでくれるかわからないし、誰がこの本で、ペラペラ英語を話せるように飛躍するかわからないからです。ですから、自分から「読者対象をしぼる」なんてことは、この本に関するかぎりしたくないのです。だからこそ、誰もがサラサラ読めて、誰にも笑い転げてもらえるように書くんです。しかも５冊シリーズで書きます。それほどの内容があります。よろしく！

　「まえがき」はダラダラ書きたくないので、簡潔に書きます。要点を以下の５つにしぼります。

1 話す英語≠読む英語 両者は違う
何が違う？ ➡ 原理が違う ➡ だから文法も違う

　わたしたち日本人が明治以来、150年にわたって学びつづけてきたのは「話す英語」ではなく、「読む英語」です。しかし、今の時代に求められているのは「読む英語」ではありません。求められているのは、生きるために、自分の気持ちや意見をきちんとアウトプットするための「話す英語」です。「話す英語」は自分の生きる世界を無限大にひろげてくれます。どれだけひろげられるかは、その人次第です。

　わたしたち日本人は、大きな錯覚をしています。それは「話す英語＝読む英語」という錯覚です。これは錯覚なのです。両者はイコールではありません。ですから、「読む英語」をいくら学びつづけても英語は話せるようになりません。これは、多くの英語の先生も錯覚していますので、学ぶ人だけの責任ではないのですが、この錯覚に気づかないかぎり出口はありません。

　「話す英語」と「読む英語」では、原理がまったく違うのです。ということは、「話す英語」の文法と、「読む英語」の文法も違うのです。「ホントかよ？　嘘だろう？」という声が上がって不思議ではありませんが、しかたありません、違うんですから。本書では、ここに気づいてもらいます。断言しておきます。「読む英語」のための文法知識では、英語は話せるようにならない。話すには、話すための文法が必要です。

　こんなに大胆な言い方をする書は、日本ひろしといえども、本書ぐらいかもしれません。しかし、本書は日本の英語教育に革命を起こすくらいの意気込みで書きますので、このくらいインパクトがあることを、あえて言っておく必要があるのです。

　そもそも、「話す英語」は難しくありません。「話す英語」にターゲットをしぼれば、それを学ぶ行為は楽しくなるばかりです。だって、外国人の友達がで

き、ビジネスの輪が海外にひろがり、恋人ができ、世界を股にかけてやるような仕事が手に入るんですから、楽しくないはずがないじゃないですか。英語を学ぶイメージを変えてください。自分の生きる場を世界にひろげる行為が英語を学ぶ行為です。それは、「話す英語」に的をしぼることによって実現します。

　世界のあらゆるところに、日本人の知恵と技術とやさしい心を求めている場所があります。あなたを待っているその場にあなた自身がアクセスするための、たった一つの条件が「話す英語」の力です。

2 ｜ 英語は世界で一番やさしいインド・ヨーロッパ語です

　奇をてらうつもりはまったくないんだけど、実は、英語は、世界で一番やさしい言語です。厳密な言い方をすれば、世界で一番文法のやさしいインド・ヨーロッパ語（印欧語）が、英語なんです。ロシア、東欧、スカンジナビア、西ヨーロッパ、北アメリカ、中南米、インド・イラン・小アジア、それに豪州、それら地域の膨大な数の言語の中で、英語が一番文法のやさしい言語です。そう言われたら、あなたはどうします？　英語を難しい勉強と考えていること自体が間違いなのです。それは世界の理解や常識から外れています。どうして英語は世界の共通語になったのでしょう？　それは、文法がやさしいからです。学ぶのが簡単で、話すのも簡単だからです。

　日本人が、あまりにもきまじめに英語に取り組んでいる姿は、しかも話せるようにならない方法で学んでいる姿は、滑稽すぎます。バカにしているのではありません。その逆です。怒りをおぼえてほしいのです。そうさせてきた150年のわが国の英語教育の歴史に対してです。「話す英語」はすこぶる簡単です。本書が提唱する方法・IAメソッドで英語に取り組めば、日本人すべてが、ペラペラ英語を話せるようになります。「話す英語」の原理はシンプルなんです。シンプルですから、反復可能です。反復しているうちに習得できます。言語はスポーツと同じです。ボクは自分を「英語の先生」と思ったことは一度もあり

ません。ボクは自分を「話す英語」のインストラクターだと思っています。ジムのインストラクターと、たいして変わりません。

とにかく、「話す英語」はやさしいのです。世界中の人々に、「ボクは英語が読める！」と言っても誰もほめてはくれません。でも、「ボクは英語が話せる！」と言ったら、みんなよろこんでくれます。そして、「今晩、パーティーがあるから、来ないか？」と誘ってくれるでしょう。そこには、ビジネスのパートナーがいるかもしれないし、未来のフィアンセがいるかもしれません。人生は人と人のつながり、人と人の交わりから生まれてゆきます。2023年WBC（World Baseball Classic）で活躍した「侍ジャパン」のヌートバー選手のお父さんが大学で日本語を学んでいて、そこへヌートバー選手のお母さんが日本から留学生としてやってきて、そこでお二人は出会っています。お二人は言葉の壁を楽々と乗り越えられる力をもっていました。そうして愛すべきヌートバー選手がこの世に生まれたのです。人と人は「話す言葉」を介して出会い、「話す言葉」を介して理解しあうのです。

人間の条件は、言葉を「読める」ことではなく、「話せる」ことにあります。英語を話すには、笑いながら読める本シリーズの知識以上の知識はいりません。断言します。

3 │ 英語と日本語は、あらゆる面で真逆です

どうも、日本人は、ここをちゃんと自覚していないようなのです。英語と日本語は真逆の言語であり、あらゆる面で逆転しています。英文を目で読んでいても、この逆転に気づけません。気づいたとしても、重要なこととは思わず、すぐに忘れてしまいます。しかし、話す行為として英語に向き合うなら、いきなりこの逆転の壁にぶち当たります。そして、はじきとばされます。英語が口から出ずに脂汗をかいたり、くやしさを覚えたり、自己嫌悪におちいったりして、英語が現実の壁として立ちはだかります。しかし英語を目で読むだけでは

脂汗はかきませんし、くやしさもおぼえません。だから日本人は英語が話せないのです。

　日本語は、インド・ヨーロッパ語とは真逆の原理でできている言語です。しかも、日本語と同じ言語は世界中にありません。日本語は世界の中の孤立言語です。その孤立した言語が、英語とは真逆の原理でできているのですから、「逆転」を意識しないで話せるはずはないのです。言葉は、口から出る音声が、不可逆的かつ直線的に流れてゆく現実です。英語と日本語は一方通行で流れてゆく音声原理が逆転していますから、高速道路にたとえるなら、ちょうど互いに逆走しあう車の関係に似ています。日本人はこの現実を忘れています。英語を話すときは、英語を話すためのルールしか許されないのですが、日本人はその高速道路に逆走で入り込もうとします。何が起こるかは言うまでもありません。

　どうして日本人は、こういう滑稽な現実に飛び込んでしまうのでしょう。それは日本の英語教育自体が、逆走が可能だと錯覚しているからです。言語はそもそも、音声だけからなる１次元の現実です。しかし日本人は、明治の当初から、英語を２次元の現実として取り込みました。つまり、英語という言語を、聴覚と視覚という２つの次元が統合された対象として吸収しつづけてきたのです。２次元ですから２次元平面が生まれます。その２次元平面上には時間に拘束されないさまざまな曲線を描けます。ですから英文解釈という学び方が生まれ、翻訳文化が花咲きました。しかし、「英語を話す」という現実に立ち向かうときには、自分の思考を１次元の世界に還元しなければなりませんが、２次元思考に慣れてしまった頭には、それができないのです。どうしても２次元的に処理しようとして、逆走してしまうのです。

「話す英語」を身につけるには、日本人は視覚を遮断（しゃだん）しなければなりません。そうして強引に１次元の現実に自分を置き、聴覚刺激だけで思考する方法に慣れなければなりません。フィリピンには、小学校中退みたいな大工さんや左官屋さんがたくさんいますが、彼らは平気で英語をペラペラしゃべります。彼ら

は英語を読めません。でも、日本の大学生より間違いなく上手に英語を話します。ここに、日本人が気づくべき秘密が隠されています。

　何かを英語で言おうとするとき、言おうとすることは、日本語で頭に浮かびます。この時点で「逆転」が宿命づけられます。なぜなら「日／英」は流れが逆走しあっているので、英語を話すためには頭の中で思考の流れを逆にしなければならないからです。そこに日本人にとっての抵抗が生じます。多くの日本人はその抵抗に負けて「話す英語」を断念しますが、IA メソッドは、この抵抗を大幅に消し去る方法を考案しました。間違いなく、このメソッドは、日本人の「話す英語」に福音をもたらします。

4　話す言葉は、人間の生を支える道具です

　すでにふれたように、言葉は「話せてナンボ」です。少々下品な言い方ですが、日本人はみなこのことを忘れています。日本人で、日本語を話せなくても生きてゆける人はいるでしょうか？　「いや、ボクは、日本語は読めるからいいんだ」とうそぶく人を、周囲は評価するでしょうか？　「バカじゃないの？」と思うに違いありません。まったく同じことなのです。

　世界の国境は、もう消えています。意図的に引き起こされている戦争や、食糧不足や、世界規模の疾病や、そして経済破綻は、すでに世界規模の人間の流動化を引き起こし、国境は意図的に侵され、破壊されています。つまり国家の根底が崩れています。文化的な生活を送っていたウクライナの人々の難民化を思い出してください。アメリカとメキシコの間にあったフェンスが意図的に破壊され、膨大な犯罪要因がアメリカに流れ込んでいます。その数1千万人ともいわれています。しかし、そのような現象をマクロの視点からではなく、ミクロの視点で想像してみてください。そこには世界規模での移動を強いられた一人ひとりの人間がいます。彼ら一人ひとりの人間は、どこへ行こうと、どこへ行かされようと、言葉を使わずには生きてゆけないのです。人間は危機に直面

すればするほど、「話す言葉」で生きるしかありません。「話す言葉」は命を守る究極の手段なのです。

　日本はすでに、国家としての危険水域に限りなく近づいています。具体的には言いませんが、賢者にはわかるはずです。国はすでに危うい制度になっています。新型コロナの流行はそれをモロに露呈させた騒動でした。怒りを通り越して、暗澹たる無力感に襲われたのはボクだけではないはずです。われわれはすでに、過去の歴史からの類推では追いつかない異常な世界に生きています。盤石と思っていた国家はすでに崩壊しかけています。本書は、それに気づいている人にこそ読んでもらいたいと念じています。

　危険は、それを事前に察知する人にしか、意味をもちません。あとで気づく危険では、もう遅いのです。わたしたちはそういう現実を、この10年近くの間に、いくつも見てきているはずです。

「話す英語」に勝る生存のためのツールはありません。国境とは、生命史における細胞膜にあたります。細胞膜の消滅はその細胞にとっての死を意味します。世界はすでに、日本もすでに、アナーキーな世界に放り込まれています。だからこそ、「話す英語」こそが、個にとっての生存の場を、世界規模で確保してくれるのです。世界の未来にとって、自分をかけがえのない魂と確信する人はみな、「話す英語」の力を身につけてください。世界各国には、すでにめざめた魂がたくさん存在しています。それらの魂とあなたの魂を、「話す英語」でつなげてください。

5 ｜ 言葉のエネルギーは、心や感情からわいてきます

「侍ジャパン」が勝利をつかんだ2023年の WBC では、日本中の人々が TV にくぎづけになったはずですが、あのとき、大谷翔平選手やヌートバー選手に魅了されただけでなく、ヌートバー選手のお母さんにも魅了されましたよね。

ヌートバー選手のお母さん、久美子さんは日本生まれの日本人ですが、日本人ばなれした明るいキャラクターの持ち主でした。アメリカに長く住み、長く英語を使って暮らしていたからでしょう。誰もがヌートバー選手と同じくらい久美子さんを大好きになったはずです。あれが「話す英語」の力です。英語をしゃべりつづけていると、日本生まれの日本人でも、彼女のように、明るく、積極的で、魅力あふれるキャラクターに変わるのです。これは英語が隠しもつ不思議な秘密です。

「話す英語」は人間の魅力を大胆に開花させます。アメリカ人のあの大胆不敵な傲慢さはどこから来ているのでしょう。傲慢さを非難する前に、その大胆不敵さに魅了されてしまいます。「話す英語」には、人間の内面を解放し、自己をアピールさせる仕掛けがあるのです。人間は誰しも自己を抑制されずにアピールしたいという願望を秘めていますが、「話す英語」はそれを後押ししてくれます。英語を「話す」という行為は思考と直結しており、しかも行動を誘発する力まで秘めているからです。しかし「読む」という行為には、そういう契機は一切ふくまれていません。

　英語は、話そうとするかぎり、感情と直結します。日本語を話すときの日本語と感情の関係よりも、何倍も強く感情を刺激し、感情を解放します。解放された感情のエネルギーは自己実現に向かいますから、英語を話せば話すほど、楽しくなり、うれしくなり、自信に満ちてきます。そして積極的に他者とつながろうとします。他者を恐れる以上に、つながることで得られる可能性のほうが大きいことがわかるので、躊躇しなくなります。

　英語を話すという行為は、心や、心理や、感情と直結した行為です。日本の英語教育ではこの側面の研究がまるごと抜け落ちています。「話す英語」を極める第一歩は、心や感情と英語の関係を調べることから始まるべきです。その考察からは、英語と日本語の違いが、西洋文化と日本文化の違いとして浮かび上がってきます。言語の違いを単に文法の側面から比較しても、真相は浮かび上がってきません。その意味で、『英語は肉、日本語は米』と題したこのシリ

ーズ第1作が、**心理モード（Psychology Mode）**と名づけた側面の考察から始まるのは、避けがたい第一歩です。これまで日本人が気づかなかった英語と日本語の関係に関する、重大な発見を紹介することになります。

　これから、読者のみなさんの、英語の固定観念をこわします。
「話す英語」はそこから始まるからです。

　もちろん、本心はその先にあります。共鳴してくれる英語好きの人々の輪がひろがり、めざめた日本人は誰もが英語を自由に話せるようになって、日本人の叡知（えいち）がより一層国際的に発揚（はつよう）するようになってほしいのです。そうなれば、迫りくる人類の危機を回避するための先導役を、日本民族が果敢（かかん）ににになえるようになると思うからです。それは、日本の精神風土にそれだけのものがあると信ずるからです。

IAメソッド英語速習法とは

本文を書き出す前に、**IA メソッド英語速習法**の全体像を紹介しておきます。

- このメソッドは、**日本人のための「話す英語」**のメソッドです。
- このメソッドは**海外で考案**され、その効果は、すでに海外で**実証済み**です。
- 考案したのは日本人。巻末の著者紹介と、あとがきを読んでください。
- このメソッドは、**100パーセント・オリジナル**の独創的メソッドです。
- このメソッドは**モード・チェンジ（Mode Change）**を通し、超短期で英語を話させます。
- モード・チェンジとは「言語モード」の切り換えのことです。
- 具体的には「**日本語モード ➡ 英語モード**」への切り換えです。

この変換のためのステップは2段階に分かれます。
それは、Ⅰ．**心理モード（Psychology Mode）**の変換
 Ⅱ．**文法モード（Grammar Mode）**の変換
文法モードは以下の3種。
 ①**逆転モード（Reverse Mode）**
 ②**拡大モード（Expansion Mode）**
 ③**叙述モード（Description Mode）**

　普通の日本人が一人で海外へ飛び出し、必死に英語の武者修行に励んだとして、このメソッドに匹敵する知識やスキルを獲得するには最低で15年はかかります。つまり、このメソッドで「話す英語」を学ぶことは、15年分の時間とエネルギーとコストの節約になります。

　ですから、既存の英語学習法とは根底から違います。独自の文法用語や文法概念がどんどん飛び出します。既存の英語教育への遠慮はありません。それは、今ある英語教育の変化を願っているからです。これは時代と民族の要請にこたえたものです。以下に、5冊全体の構成を紹介しておきます。これで日本民族は22世紀も生存可能になります。

第1巻：『英語は肉、日本語は米』　　　　　副題：心理モードを変えよう！
第2巻：『ひっくり返せば、英語は話せる』　副題：逆転モードを知ろう！
第3巻：『英語は、前置詞で話すもの』　　　副題：前置詞ユニットを使おう！
第4巻：『即興で話せる、ネイティブの英語』副題：拡大モードで話そう！
第5巻：『This is a pen は、魔法だった』　　副題：叙述モードで突破しよう！

CONTENTS
INDIVIDUAL ASCENDING METHOD

ブックデザイン　吉原遠藤（デザイン軒）
カバー・本文イラスト　にら
校正　麦秋アートセンター

INDIVIDUAL
ASCENDING
METHOD

世界で、
革命が起きていた

序 章

Point フィリピンとの
出あい

インスピレーションにみちびかれ

とにかく、ボクの英語への理解は変わっているんだ。それはこれから、どんどん紹介されていくけど、どうしてそんな変わった発想が生まれたか、その経緯をまず話しておいたほうがいいと思う。そのためには、自己紹介をしながらやるのが一番いいと思う。また、そうしないと、どうしてこんなメソッドが生まれたのかを理解してもらえないと思う。まあ、気楽に読んでみて。この序章は軽いウォーミングアップのつもりだから。

ボクが自分の英語力を飛躍させたのは、フィリピンと出あってから。フィリピンはボクにとって、第二の人生の舞台だった。もちろんフィリピンは、アジア最大の英語圏。国民のほとんどが英語をしゃべる。タクシーの運転手だって、バーの女の人だって、大工や左官の兄ちゃんだって、みんな英語をしゃべる。読めなくったって、しゃべる。書けなくったって、しゃべる。彼らにとって、英語はしゃべることから始まる。「話す英語」が売りの IA メソッドのルーツは、フィリピンにある。このフィリピンとの出あいから書き始めたい。それはエキサイティングな、予想を超えた展開だった。

ボクがはじめてフィリピンへ行ったのは、1985年、日本航空機が御巣鷹山（おすたかやま）に突っ込んだ日航機墜落事故の 2 日後のこと。同じ日航機でマニラへ向かったから、自分の乗った飛行機が富士山上空に差しかかったときは、かなり怖かったのをおぼえている。ボクは当時まだ若くて、東京の予備校で古文を教えていた。けっして英語の先生をやっていたわけじゃない。

　なんでフィリピンに行くことになったのかというと、本の取材のため。当時、偶然 TV で見たドキュメンタリー番組の舞台が、フィリピンのマニラだったんだ。その番組は、日本の若い女性がマニラで不幸な境遇に置かれてしまったショッキングな実話だった。どうしてそんなことが起こるのか、どうしても行って調べずにいられなくなった。その番組を見て即座に、フィリピンへ行くと決めた。3カ月後にはボクはマニラにいた。

　フィリピンって国は、衝撃的だった。国がまるごと、どうでもいい感じだった。あらゆる面がデタラメで、みんなニコニコしていて、そして細かいことにこだわらない。どんなことでも、どうにでもなっちゃう。日本とはあまりに違う国の雰囲気と国民性の違いに、ボクは驚いた。でも驚いてばかりいて、目的を忘れたわけではない。きちんとやった。取材のために、フィリピン自体をきちんと学ぶ必要性を実感し、帰国直後から手当たり次第にフィリピン関連の本を買い集め、当時日本で出版されていたほとんどすべての本を読みつくした。と同時に、年2回、春と夏、フィリピンへ行って取材を重ねた。予備校の講師は自由に動けるんだ。そうやって10年間、毎年2回、総計20回、マニラと成田の間を往復した。パスポートはスタンプだらけになった。もちろんその間に

ちゃんとノンフィクションを出版したし、雑誌にも記事を書いていた。

　そうやっていた10年後、日本ではバブルがはじけていた。日本経済がこれから急降下してゆくことは火を見るより明らかだった。浮き草稼業の予備校講師にとって、危険きわまりない時代がやってくるのがわかった。ボクは危険を察知する能力が人一倍強いから、みんなが気がつく前に素早く行動する。躊躇しない。重大な決断ほどはやい。ただ、準備は完璧にやる、と自分では思っているが、他人の目からはそうは見えないらしい。それはあとで知ることになり、それはそれで乗り越えるしかなくなる。

　てことで、日本を引き払って、女房を連れて、フィリピンへ飛んだのが1996年。飼っていた病気がちの猫も、事情を察知してくれたのか、前年の8月に死んだ。愛情を注いでいる犬や猫は、飼い主の人生の激変を予知するらしい。そして、ちゃんと身を引いてくれる。帰国するときもそうだった。向こうで飼っていた愛犬が死んだ。帰国を直感した。そして、そうなった。不思議だ。ともあれ、マニラには頼れる友人ができていた。沈んでゆくことが見えている日本にとどまる理由はどこにもなかった。

世界で革命が始まっていた

　さあ、そうやって10年通い続けたあとだから、ボクはフィリピンではどんなふうにでも動けるようになっていた。そうしてフィリピンにジャンプしたのが1996年だったわけ。実は、そのタイミングが絶妙だった。なぜなら、1995年には世界中で革命が起こっていたから。さあ、考えてみて。1995年に起こった世界をまるごと包み込んだ大革命って、なんだったと思う？　その革命は、日本よりフィリピンの方にずっとはやく深く浸透していた。なんだろう？　その革命って？

　情報革命さ、その革命っていうのは。つまり、「Windows 95」が発売されたのが1995年だった。フィリピンに移住する前、「Windows 95」をマスタ

ーしてから行こうと思ったけど、当時、日本でその使い方を教えられるような人はほとんどいなかった。みんな、どうやって使うのか知らなかった。そうやって日本での出発準備は思った以上に無為に過ぎた。ボクとしては両肩をすくめて、How come?（どうすりゃ、いいの？）てな感じ。そんな感じでフィリピンへ行ってしまった。

　ところが、フィリピンは違っていた。コンピューターの浸透が日本よりずっとはやかった。街中にコンピューター専門学校がたくさんあって、大学だってハードを教えるコンピューター・エンジニアリングと、ソフトを教えるコンピューター・サイエンスがあって、多くの大学にきちんと両方の学科が開設されていた。だから、コンピューターを日本人よりずっとうまく使いこなす若者が街中にいくらでもいた。理由は簡単。コンピューターって英語ツールなんだ。フィリピン人がコンピューターを使いこなすのに必要な知識は、すべて英語で書かれていた。それが直接アメリカから入ってきていた。

　だから画面の説明も、分厚いマニュアルも、みんな英語。それを彼らはなんの苦もなく読んでいた。フィリピンで大学を出たら、ほぼアメリカ人と同じ英語力をもつ。500ページ、1,000ページの分厚い英語のマニュアルを、彼らはあっという間に読んでしまう。ボクは、啞然としてそれを見ていた。英語では、日本人は、絶対フィリピン人には敵わないと実感した。そんなこんなで、移住から3年ほどたっていた。

　ボクは、最初は新聞記者をやっていた関係で、もっていった2台のワープロを使って記事を書いていたけど、自分もコンピューターをもたなきゃいけないと思い、もつことに決めた。使い勝手のよさでは、コンピューターはワープロとは比較にならない。それでどうしたかというと、知人の知人にコンピューターの得意なフィリピンの若者がいたので、その彼に頼んで、コンピューターをつくってもらうことにした。

　フィリピンでは、自分で、東京の秋葉原みたいなところへ行って、いろんな

店で部品を買い集めてくるんだ。今でもそう。ハードディスクはここ、キーボードはあそこみたいに、安い店を物色して、目的どおりのコンピューターを自分で組み立てる。それも驚いた。でもそれは常識だった。日本でできあがったコンピューターを電気屋さんで買うのとは、まったく事情が違っていた。

　それで、その彼と一緒にパーツを買い集めて、家に戻ってきた。彼は、「今晩から組み立てる。たぶん、明日の晩にはできる。電話するよ」と、そう言った。彼は買ってきた部品一式を抱え、近くの自分の家に戻っていった。実は、こういう事情が、IAメソッドの大発見につながったんだ。この時代背景とタイミングに出あっていなかったら、絶対に、IAメソッドは生まれていなかった。日本人がIAメソッドで誰でも英語がしゃべれるようになったとしたら、実は、これから説明する幸運なハプニングのおかげということになる。今ボクは、無駄なことを書いているわけじゃない。日本民族を救う奇跡が生まれた瞬間を、リアルに想像してもらうために書いている。IAメソッドは、誰からもアイディアをもらっていない。自分で思いついた100パーセントのオリジナル。それを理解してもらいたいわけ。さあ、いくぜ！

日本語も書きたいんだけど

　フィリピン人の彼から、約束どおり電話があった。彼はコンピューターを抱えてもってきた。そしてそれを電源や電話線につなぎ、プリンターにもつないだ。あっという間にボクの書斎にコンピューターが出現した。彼は使い方を教えてくれた。すぐに飲み込めた。簡単だった。プリントアウトも簡単にできた。感動と、よろこびと、安堵のあと、「あれっ？」と気づいた。

　英語は入力も、出力も、他愛もなく簡単。なんの苦もない。これで英文は自由自在に書ける。何より、スペルチェッカーがあるから、単語のミスがなくなる。おまけに簡単な文法ミスまで教えてくれる。いうことナイ。完璧だった。でも、「日本語の入力は、どうやるんだ？」と、気がついた。それで彼にきいた。「あのさ、ボク、日本語もコンピューターで書きたいんだけど、どうする

の?」とね。そしたら彼、「あっ、そう。いいよ」とこともなげ。彼はダイヤルアップでインターネットにつなげ、何かをダウンロードした。画面の下方に新しいアイコンが1個現れた。彼は「〈A〉にすると英語を書ける。もう1回クリックして〈あ〉にすると、日本語が書ける。画面が日本語なら、プリントアウトもそのまま日本語」と説明してくれた。それは IME（Input Method Editor）のアイコンの使い方のことだった。

　ボクは、今でも、その場面に立ち会えたことに感謝している。とんでもない発見をそのときしてしまったからだ。彼がつくってくれたコンピューターは、英語環境だけで作動するコンピューターだった。画面の記号も、説明も、故障した場合の説明表示もすべて英語。アメリカで生まれたコンピューターは、まるごと英語ツール。そのまるごと英語ツールがフィリピンに入ってきて、そのままフィリピン人に使われていた。言語の壁がまったくなかったから。

　ところが、「Windows 95」が発売されて間もなくフィリピンに行ったボクには、その英語環境だけのコンピューターは目的の半分しか役立たない代物だった。ボクは、日本語も書く必要があったし、日本語でプリントアウトする必要もあったから。それで彼は IME をダウンロードし、あっという間に、今ボクたちが普通に使っているコンピューターと同じになった。

　ここが微妙。もしボクが、日本で最初のコンピューターを手に入れていたら、間違いなく、最初から IME がインストールされたコンピューターを買っていたはず。そうしたら、コンピューターとはそういうもんだと思い込み、IMEの切り換えになんの疑問も抱かずに終わってしまったはず。当たり前のように、〈A〉と〈あ〉をクリックし続けて、英語入力と日本語入力を交互に切り換えながら、英文を書いたり日本文を書いたりしていたはずなんだ。ということは、IA メソッドは絶対に日本では生まれなかったことになる。ボクが、絶妙のタイミングでフィリピンに行ったからこそ、そういう場面に直面できた。それが奇跡を生んだ。

でもこの現場にいただけだったら、奇跡は生まれなかった。ボクは、ある重大な発見をした。

インドへも行った

ボクは日本にいたときから、長い間、英語をしゃべるための努力を重ねていた。英語を話す努力は一生続くもんだと思っていたから、つらいと思ったことは一度もない。その努力は大学１年の頃から始まっていた。当時ボクは東京で、インドのヨーガ行者（ぎょうじゃ）から直接ヨーガを習っていて、コミュニケーションは英語だったから、英会話の体験は始まっていた。また大学院に入ってすぐ、習ったヨーガをインドへ確かめにも行った。インドのヨーガ道場の中では修行に来ていたアメリカ人やイギリス人、フランス人やオーストラリア人などと一緒に暮らしていた。日本にはまだ、まったくヨーガ・ブームなんかなかった頃のハナシ。

その当時のボクの英語は、きわめてたどたどしかった。ボクは道場ではゴータマって呼ばれていた。ゴータマ・ブッダのゴータマ（仏教の開祖・お釈迦様）さ。ありがたすぎる名前だったけど、そんなこと気にしなかった。ただ、やっかいなのは議論。必ず輪になって、床に座ってみんなで英語で議論する。話し合ってたことは、ちゃんと理解してた。でも、話に割って入れない。黙って聴いているだけ。誰かが「ゴータマの意見もきいてみて」って、言ったんだけど、お調子者のアメリカ人が、「ゴータマは、黙ってるだけ。聞くだけムダ」と、あっさり却下。シリアスな議論をするときはいつもそうだった。２、３人で冗談を言ったり、簡単なことを話したりするには問題なかったけど、多人数でする真剣な議論には参加できなかった。そのときの屈辱感（くつじょく）ったら、ない。そのくやしさがボクの英語に火をつけた。その後、ボクがどんな努力を続けたかは、ここでは書かない。でもそうやって「話す」努力が始まった。フィリピン移住前に10年間日本・フィリピン間を往復したのも、会話力をきたえていた期間みたいなもの。本を書くための取材はすべて英語だったから、どんどん上達した。でもその間、日本人が英語を話すためにぶつかる壁はすべて体験し

た。日本人が何に難しさを感じ、どこで壁にぶつかり、どんな疑問を抱き、どうやって挫折するか、ボクはすべてを体験した。だから、ボクは、英語を話せない日本人の気持ちや屈辱感、日本人の頭の中の特殊さ、これらすべてを知っている。そういう時間が移住する前に10年間続いていた。

　そうして出あったのが、先に説明していた場面だったわけ。それが、IME をインストールする前と後の、コンピューターの違いを目撃した場面だったわけ。

人工頭脳が教えてくれた

　コンピューターのことを「人工頭脳」って、昔呼んでいたよね。つまり、英語環境だけのコンピューターは、英語だけしゃべるアメリカ人の頭みたいなもの。逆に、日本語に切り換えたあとのコンピューターは、日本語だけしゃべる日本人の頭同然。でもその人工頭脳のすごいところは、IME を切り換えることでアメリカ人になったり、日本人になったりできたこと。これって、すごい。人工頭脳という名のコンピューターは、「聴く＝インプット」と、「話す＝アウトプット」のどちらもやっている。しかも、それを、日本語でも、英語でもやっている。「さすが、人工頭脳！」って、心の中で思ったわけ。そして、「人間の頭をまねしてつくった機械にできることが、どうして日本人の頭ではできないんだろう？」って、思ったわけ。それって、変でしょ。人間がつくった機械にできることを、どうして人間の頭ができないの？　絶対変です。ボクは、そう考えた。そして気づいた。

　コンピューターは、機械の中で、［日⇆英］言語モードの変換をやっていたんだ。IME を切り換えることによってね。コンピューターは、アイコンが〈A〉のときは英語モードで入力・出力を処理し、画面上に英語をアウトプットしていた。でも、アイコンが〈あ〉に切り換わると、瞬時に入力情報を日本語モードで処理し、画面上に日本語をアウトプットしていた。入力自体は同じアルファベットのキーなのに、言語処理の原理を切り換えてやっていた。「これって、すごい！」、そう気づいた。「そうか、日本人が英語を話せないのは、

頭の中で言語モードの変換作業をやっていないからなんだ！」。ボクは気づいちゃったのさ。

「日本人は頭の中を日本語モードにしたまま、英語をアウトプットしようとしている」、そう理解できた。てことは、「日本人が英語を話すには、頭の中の一部分で、日本語を英語モードに切り換える必要がある」そう考えられた。この類推、間違ってはいないと確信できた。自分の体験が「そのとおりだ！」と、太鼓判を押してくれていた。

これがモード・チェンジ発見の現場だった。日本人が英語を話すには、頭の中で［日本語 ➡ 英語］へ、言語モードを切り換えてやらなければいけない。でも、日本人はみんな、そこに気づいていない。いきなり英語を口から出そうとしている。それは無理。絶対に、無理。だって、しゃべる前の日本人の頭の中には日本語しか詰まっていないんだから。その日本語思考のカタマリを、英語モードに変換するプロセスがなければ、口から英語が出てくるわけがないじゃん。IA メソッドは、こういう気づきから生まれたのさ。

INDIVIDUAL
ASCENDING
METHOD

第 1 章

日本語モード＆
英語モード

Point 話す英語は、気分を変えなきゃダメ！

見通しはついていた

頭の中で日本語モードを英語モードに切り換える方法を考えた。それは日本語と英語を比較して、その違いを確かめることからしか出てこないはずだった。だから、「人工頭脳」のひらめきからしばらく時間はたっていたけど、まず英語と日本語の文法の比較から始めたんだ。

ボクが東京にいたとき、予備校で古文を教えていたことにはふれたよね。大学院を出たあと15年も続けていた。新幹線やジャンボジェットに乗って、東京だけじゃなく、いろんなところへ教えにいっていた。教室で100人、200人の浪人生に向かってマイクを使って古文を教えていたわけ。でもボクの専門は哲学。学部で西洋哲学をやって、大学院ではインド哲学に鞍替えしていた。それは、ヨーガをくわしく調べたかったから。だから日本の古典は専門外だったけど、教えながらマスターしちゃった。そんなわけで、日本語の文法は文語文法も口語文法もくわしく頭の中に入っていた。フィリピンで日本語を理解しなおすのに、誰かが書いた本を読む必要なんかまったくなかった。また英語に関しても、ボクは東京で２冊の翻訳書を出していたから、英文法も特に勉強しなおす必要はなかった。準備はできていた。人生って、無駄になることはないとつくづく思った。

でも、丁寧に考究した。自分の頭の中の日本語と、口から出したい英語をくわしく比較分析した。分析するだけでなく、分析の結果を、日本人が可能なかぎりはやく簡単に英語が話せるようにする具体的な方法、つまり英会話の革

命的修得法を考えた。1年かかった。そしてできた。日本人が英語をペラペラ話すための秘策はちゃんとできていた。

　なんでそんな自信たっぷりにいえるのか、ホントにちゃんとそれで話せるようになるのかと、きっと誰もが思うに違いない。実は、その自信の裏づけは、自分自身の会話の力だった。ボクはもう、なんでも英語で話せるようになっていた。取材できたえた英語力は、相手が誰だろうと、関係なかった。フィリピンにおいて、上は副大統領から現役の大臣たちや、上院議員、下院議員、多数の大統領候補まで、インタビューした政治家は数えきれなかった。市長や役人の数なんておぼえていない。いろんな奴がいた。また、ボクは移住当初からロータリークラブのメンバーだったから、仲間はみなビジネスマンか、大学教授、公認会計士みたいな連中。夜中まで、しょっちゅう彼らと酒を飲んで笑い転げていた。ホントいうとボクはアルコールに弱いので、コーラを飲んで気勢をあげていた。そのゆかいなことといったら、なかった。人生のゆかいここにあり、みたいな感じ。もちろん、会話はすべて英語。

　※ロータリークラブ：社会奉仕と友好親善を志として活動する世界的な団体

　おまけにボクはアジア最古で、フィリピンで一番権威ある大学の大学院で日本語を教えていた。講義はすべて英語。英語で日本語を教えていた。日本語で日本語を教えるなんてバカなまねはフィリピンではできない。英語で日本語を教えたほうがはるかにはやい。最初の15時間程度の講義で、生徒たちはエンドレスに日本語で自己紹介ができるようになった。そういう魔法をボクはすでにつくっていた。だから、実をいえば、英語の魔法もちゃんとできるとわかっていた。自分が実際に使っている英語の話し方を分析し、その方法をより合理的に組み立てれば、日本人が英語をペラペラ話せるようになる秘策ができあがることは、取り組む前からほぼ予想がついていた。

　ただ実際の作業には1年を要したということ。確かにボクの発想はちょっと変わっているけど、どうしてこの程度のことが150年も、日本人にはわからなかったのかと何度も不思議に思った。というより、日本人に英語をペラペラ話

させる方法は、自分の IA メソッドを除いて、いまだに発見されていないんだから、理解できない。これは相当変なことだ！　だからボクは、世間の権威なんか一切信じないことにしている。

何かが足りない

そんなこんなで、頭の中で、日本語を英語にモード・チェンジするための文法的な解決策ができあがった。みんな、「人工頭脳」のおかげだった。「人工頭脳」から教えてもらったヒント、つまりモード・チェンジという発想で日本人が英語をペラペラしゃべるための秘策はできていた。それは完全に文法的な視点から組み立てた解決策だった。

でも、できあがった方法を見つめ直し、腕を組んだ。「これで、確かにしゃべれるようにはなる」と、それはわかっていた。でも、「何かが、違う」。心はそう言っていた。なんだろう、考え続けた。何かが足りない。それがわからなかった。目をつむり、心を真っ白にして、ひらめきが飛び込んでくるようにした。自分がペラペラしゃべっている様子をイメージで再現してみた。何か飛び込んできそうな気配があった。

そして——I got it!（わかった！）答えは、自分が話す英語の話し方の中にあった。いや、もっと正確にいえば、英語を話しているときの自分の心の中にその答えは、あった。わかる？　その答え。想像つく？　「灯台下暗し」、みたいな感じだったのさ。

ボクがフィリピンで英語を話しているときの心の状態が、ボクが日本で日本語を話しているときの心の状態とまったく違っていたんだよ。そのことに気づいたのさ。「あっ、これだ！」と、心の中で叫んだ。疑問は解けていた。IA メソッドは、そのひらめきで完成していた。そうか、そういうことかと、何度も自分の発見を反芻し、その発見の間違いのなさを確かめた。確かめれば、確かめるほど、それは確信に変わっていった。ボクはそれを「心理モード

(Psychology Mode)」と名づけた。海外だから、ちゃんと英語でもネーミングしとかなきゃいけないと思ったんだ。

　１年かけてできあがった最初の部分は、英語と日本語を文法の側面からまとめあげた解決策だったので、「文法モード（Grammar Mode）」と名づけた。そのときまで、そんな名前すらなかったけど、「心理モード」という名前を思いついた瞬間に、「文法モード」というネーミングも手に入った。日本人が英語をしゃべるには、気分を変える「心理モード」と、思考の方法を変える「文法モード」の２つの言語モードを、日本語流（Japanese way）から英語流（English way）に変えてやらなければいけないと、そのとき、完全に客観視されたのさ。

　もったいつけず、わかりやすく説明するよ。

心がひらいてなきゃ

　ボクがフィリピンで英語を話しているときは、楽しくってしかたがない。心は全開していて、あけっぴろげ。だから顔はいつもスマイル、スマイル！　いつもニコニコです。毎日が楽しくってしかたがなかった。フィリピンのタガログ語で「おはよう！」は、「マガンダン・ウマガ！」。意味は、「美しい朝ですね〜！」って意味。確かにそうだ。南国の朝の空は、毎日、抜けるような青だった。雲一つない。神々しいほどの真っ青。ひろくて高い空。間違いなく神様が天から地に向かって微笑んでいるような、そんな善意が地を包み込んでいる、文句なしのいつも変わらぬ平和な朝があった。朝起きて、庭に出て、空を見上げて、「今日も昨日とおんなじだ〜！」と、思いっきり全身を伸ばすとき、そんな気持ちになる。それが南国独特の朝。

　そんなだから、フィリピン人たちは、家のまわりの隣人たちも、街を歩いている人たちも、仕事でかかわる人たちも、みんなニコニコ、笑顔が絶えない。彼らも心をひらいてる。だからボクも心をひらく。互いに心をひらきあって、

なんの危険もない。警戒する必要もない。そんな天国みたいな一面が、フィリ
ピンにはあるんです。犯罪者もみんな善人。だって彼らは犯罪者である前に人
間だから。人間だから怖くない。取材で犯罪の巣みたいなところへも何度も行
ったけど、ボクは全然怖くない。ボクは１秒あれば目と目だけでどんなフィリ
ピン人とでも友達になれる。目から相手のハートにいきなり入っちゃう。そし
てハートをわしづかみ。そういう自信がある。そういう自信がゆらいだことは
一度もない。ボクはフィリピン人が大好きだから、彼らもすぐにボクを好きに
なる。ほとんどうぬぼれ。ナルシシズムの世界。互いに大好き同士の相乗効果、
大好き同士の無限反復、いや無限螺旋拡大って感じ。

　相手が小学校中退だろうが、インテリだろうが、関係ない。男も女も関係な
い。特に、フィリピン女性は男性の視線を怖がらないから、見ず知らずの女性
にでもニコッと笑いかけることができる。必ず微笑み返してくれる。これは当
初、信じがたかったけど、うれしかった。そんなだから、一瞬で友達になれる。
こういう変な自信、そんな感じの中で暮らしていて、仕事をしていて、そして
英語を使っていた。

　英語を話しているときの自分は幸せそのもの。こんなに幸せでいいのって感
じ。自分が自分を生きている感じ。もう書きすぎかな？　そろそろ、やめてお
こう。

　つまり、これが探していたものの答えだった。

　わかるでしょうか？　こういう気持ちになっていないと、英語は口からペラ
ペラ出てきません。心を全開していないと、英語は自在にしゃべれないのです。
それをフィリピンという土地と、フィリピン人というあけすけに屈託のない人
たちがボクに教えてくれていた。自分の英語はフィリピンで開花し、育まれ、
大きく咲いた。それは世界中で通じてしまう英語。ボクの入っていたロータリ
ークラブのクラブハウスには、プールやジムやバーもあって、世界中からロー
タリアンがやってきた。アメリカ人、オーストラリア人、ドイツ人、いろんな

国の人たちがやってきたけど、自分の英語で不自由したことは一度もない。な
んてことはない、英語でジョークが言えるくらいの即興の機知と、スマイルが
あれば、話はいくらでも転がってゆく。

　この感覚。この感覚をもたなきゃ、ダメ！　この感覚をもつのが、先！　こ
の感覚をもつことを「心理モード」と名づけたわけ。かっこいいでしょう？
ボクの心理モードは、こういう体験と内省から生まれた結晶でした。現実の英
語圏で八方破れにやっていて、自然に身についた心の力。これがなけりゃ、英
語は話せない、こういう内省を経て生まれ出てきたのが「心理モードの変換」
だった。

　言葉は、文法の知識だけで話すものではないんだ。言葉はもっと内発的な力
なんだ。

英語と日本語は真逆

　英語は、根底から日本語と違う言語。それは文法が違うだけではない。文法
の違いを生んでいる原因が根っこにあって、その根っこの原因からして違うの
です。文法の違いは結果にすぎない。結果の違いを知識として知っているだけ
では、話す力にはつながらない。

　普通はこういう理解はしない。だから、英語の本当の姿が見えない。英語の
本質もつかめない。日本人は明治維新以来、150年も英語を話せない国民とし
て屈辱的な歴史を生きてきた。そして今も、同じ屈辱の中にいる。もう、それ
はやめなければいけない。話す英語を国のほんの一部の役人にまかせて、国民
は沈黙しつづけるだけなんて、そんなくだらない愚行はもう変えなきゃいけな
い。そのためには、英語に対する理解の仕方を根底から変える必要がある。

　結論をいいます。英語と日本語は真逆です。

　これに気づいていないことが、日本人が英語を話せない究極の原因。それをこれから、延々と例を出し、理由を説明し、その克服法を述べてゆく。それはこの1冊で完結するハナシではない。なぜって、その答えは、日本人が150年も英語を話せずにきた原因なんだから、そんな簡単なハナシであるわけがないでしょう？　順番に、一歩一歩、丁寧に説明しながら、しかも超簡単な「話すスキル」をきちんと知ってもらいます。あわてないで行きましょう。

　たぶん、本書のシリーズは、日本人の英語理解を根底からくつがえします。アカデミズムのえらい先生も、高校や中学の英語の先生も、柔軟な心をもっておられる方なら、きっと真剣に読んでくれると信じます。だって、真実は真実なんだから。真実が認められないのは真実の責任ではなく、真実を理解する人間サイドの問題。恐れも、心配も必要ない。それほどの自負がある。本書の受益者は日本国民、日本民族全体です。これは日本民族が、22世紀もこの地上で存続できているかどうかの問題です。

日本語モードで、英語を話す

　本格的なハナシは次章から始まるけど、ここでは、象徴的な例を出す。

　英語を話すときと日本語を話すときでは、「気分」が違うんだ。ボクはその「気分」を「心理」と名づけた。でもその「心理」の違いを生み出すもとはなんだろうと考えた。そしたら、話すときの身体の使い方、身振り手振りがまず違っていた。「心理」は、まず、話し方や身体の使い方からにじみでてきていた。ボクは、最初に、そこに気づいた。日本語を話すときの身体の使い方と、英語を話すときの身体の使い方の違いを、わかりやすく説明してみる。

　まず、日本人が日本語を話すときは、背筋をちゃんと伸ばしてイスに座ります。手も、ちゃんと膝に置き、背骨と太ももの角度は90度。目は相手の目をちょっとひかえめに見て、誠実さをにじませる。いや、恭 順さをたっぷり顔に出し、反抗心などは絶対に出さない。「ぼくの売りは、すなおさですッ！」

みたいなアピールを全身から発散する。これが、日本人が誰かに向かって日本語で話をするときの基本姿勢。そして英語を話すときも、このままの姿勢で外国人と向き合います。頭も心の中も一切変えない。同じ人間なんだから、話す相手によって心や姿勢を変えるなんてことは、あっちゃいけない。そう信じ込む。そんな感じで英語を話す。

　例えば；
Nice to meet you. My name is Boni Kawamura. I was born in Hokkaido, Japan. Hokkaido is very cold place ～.

　なんて、きちんと、端正に話す。「ぼくのどこにも変なところ、ないはずだ。発音だけ、ちょっと違うかもしれないけど～」などと思いながら英語を話す。これを「日本語モード」という。日本語を話すときと同じ気分で英語を話す。日本人の99パーセントがこれを正しいと信じている。

　でも、外国人がこれを見たら、ただのお笑い芸人になる。冗談まるだしのおふざけ芸人になっちゃう。ほとんどの外国人は、「きっと、ギャグがとびだすぞ。どんな意表を突く急展開があるんだ」と、コメディアンを見る目つきでこちらを見ることになる。しかし、話している本人は、まるでそんなこと想像も

していない。だから滑稽。日本人が英語を話す現実は、まるごとマンガやコメディーになる！

英語モードで、英語を話す

　アメリカ人が英語を話すときはこうなる。やはり座ってしゃべるシチュエーションは変えずに比較してみる。たとえば、深々としたソファーにゆったりと腰をおろし、しかもそっくり返って座る。片足はもう一方の膝にのっけて、「なんか、文句あっか？」みたいな目つきで相手を見る。でも、ケンカ売ってるわけじゃない。目は完全に笑ってて、微笑んでいる。余裕の笑い。もう相手に勝ってる感じ。全身もリラックスしてて、余裕ありすぎ。片方の腕を前につき出して、手の平で相手を呼び込んでいる。はっきりいって、相手をバカにしている。なめてる感じ。

　これが、ちょっと誇張して、戯画的に表現したアメリカ人が英語を話すときの「気分」と身体の表現法。アメリカ人にこだわるのは、イギリス人っていうよりイメージしやすいから。ただそれだけのことだけど、イメージできるでしょ？　これが英語を話すときの「英語モード」、つまり気分です。

　もしこれを日本人が、日本人に向かって、こんなふうに日本語で話したらどうなると思う？　とんでもないひんしゅくを買って、反発の嵐が巻き起こる。「ナンダ、あいつ！　どこの誰だ！　何様だ！　100年はやい！」と、その場はかならず騒乱状態になる。もしその男が会社員だったら、いきなり僻地に飛ばされる。絶対にその会社では生きてゆけない。普通なら、社会的に抹殺される。まわりから友人もいなくなる。かならず悲惨な人生が待っている。

　これほどの違いが、英語モードと、日本語モードの間にはある。

　でも、海外に出て、日本人が英語で何かを話すなら、アメリカ人のように話さなければ絶対にいけない。それは暗黙のルール。いや絶対のルール。英語を話すときは、たとえ日本人でも、英語の「気分」つまり「英語の心理モード」で話さなければいけないことになっているんだ。これを知らない日本人が、あまりにも多い。学校の英語でも、絶対にここまではふれない。

ボニーの英語モード

　たとえば、ボクが英語を話すときは、こうなっちゃう。ボクは、自分のつくった日本語の学び方を、マニラのいろんな大学でも紹介して歩いてた。講堂には200人から500人の大学生が集まってる。当然、右手にはマイクを握る。左手はかならずズボンのポケットに突っ込んで、えらそうな雰囲気を意識的にただよわせる。しかし、目は笑っていて、余裕たっぷりに話し出す。ひろい壇上をあっちへ行ったり、こっちに来たりしながら、もちろん、ジョークをバンバン飛ばす。英語でスピーチするときは、絶対にユーモアは欠かせない。話の途中で何回聴衆を笑わせられるかが勝負なんだ。笑わせないと、頭がいいと思ってもらえない。どんな苦み走った顔をしていてもダメ。それ、逆効果。英語国民は、突然出てくる冗談やユーモアで話し手の知性を値踏みするから、きちんとその期待にこたえてやらなければいけない。

　海外に出た日本企業の社長で、それがわからずに失敗した人、多いんじゃな

いかな。日本流は、海外では通じないの。徹頭徹尾、英語流、つまり「英語モード」でいかなきゃダメ。

　英語は、頭の中を日本語モードのままにしておくと、口からスムーズに出てこないんだ。これ絶対にヤバイ。必ずたどたどしい、精気のない話し方になる。その時点でもう信頼を失うし、友人なんてできなくなる。英語圏では、なんでも、自信たっぷりにやらないとダメ。自信をもっていない人間はバカにされる。成熟度の足りない子供と思われてしまう。自信たっぷりに話したからといって、「傲慢だ！」とか、「生意気だ！」なんてケチな評価は絶対にされない。ここを、ぜひ、理解してほしい。現実の体験として、これを知っている日本人は非常に少ない。もちろん知っている日本人も海外にはたくさんいるだろうけど、彼らは日本に帰ってこないし、それを日本国内の日本人に伝える場をもっていない。だから、日本国内の日本人は、「心理モード」の重要性にいつまでも気づけない。

　ここを知らないかぎり、英語を話すことはいっさい始まらない。それは「日本語モード」のコメディーを演じてしまうことになる。これは悲惨なんだ。というより、屈辱的なことなんだ。

感情と一体で話せ！

　言葉と心は直結しているのさ。言葉は、大脳皮質の言語野だけから生まれてくるんじゃないんだ。脳の中のもっと深い部分、人間の感情や無意識を生み出している部分、つまり脳幹上部とかその周辺から生み出されてくる。そこは生と直結したホメオスタシス（生物恒常性）や感情を生み出す部分で、そういう機能が人間の生命の根本を握っていて、生命を安全な範囲に収めてくれているんだ。大脳皮質はそれを最後に受けとめる部分にすぎず、脳の中の根っこの部分から送られてきた無言の情報を言語という表象に変えている場にすぎないんだ。言葉も、本質的には感情とつながったイメージの一つ。だから、言葉は頭だけで話そうとしたってダメ。特に英語、西洋言語は、その傾向が強い。これ

は最先端の脳神経学から明らかになってきた科学的事実で、実証された事実なんだ。

　だから、英語を話そうと思う日本人は、頭で英語を話そうとしちゃ、ダメ。もっと、心で英語を話すこと！　もっと、感情と一体で話すこと。それが大切なのさ。

　ボクも、フィリピンにいたときは、こういう大脳生理学みたいなことはまったく知らなかったけど、フィリピンという文化や精神風土の中でそれを無意識に会得してしまったわけ。「フィリピンありがとう！」って、感じ。みんな、誤解しないでね。「お前の英語、フィリピンで学んだ英語だろ？　本場のアメリカやイギリスで学んだ英語じゃないんだろ？　しょせん、フィリピン英語だろ？」って、きっと多くの読者が、そう思っているんじゃないかな。それ完全な錯覚。完全な誤解。バカにしちゃいけない。

　普通の日本人は心の底から白人コンプレックスに染まってる。白人にはかなわないと思ってる。簡単にいえば、西洋人に劣等感をもっている。そういう日本人がアメリカやイギリスにいきなり行ったら、どうなると思う？　白人の上

から目線に負けて、一層劣等感を深めるんだ。

　ボクは西洋哲学を学んだから、普通の人よりも西洋の本質がよくわかるの。でもその本質のわからない日本人がいきなりアメリカやイギリスに行くと、目に映るものでしか判断できないから、間違って理解してしまうワケ。西洋はすごい、アメリカはすごいって。よくいるでしょう？　単純なアメリカかぶれの日本の男女。言葉の本質や人間理解の本質って、そんなうわべの世界にあるはずないでしょ？　白人といったほうがわかりやすいかな。彼ら、特に学のない連中はなおさらだけど、アジア人をバカにしているし、日本人もバカにされている。完全に見下されている。ボクは、そういう無益な葛藤(かっとう)から完全に無縁な状況で英語の本質を獲得しちゃったわけ。そこを理解してほしいね。

カタチのまねから入れ！

　じゃあ、どうやって「英語モード」を心の中につくりだすかって、ことになるよね。簡単だよ、まねをするのさ。まねをすることから始めればいい。しかもカタチをまねる。日本の武道や武術は、最初はかならず「形(かた)」の修得から入るでしょ。それとまったく同じ。日本語の「学ぶ」だって、もともとは「まねぶ」だったんだぜ。古代ギリシャのアリストテレスも、「創造は模倣(もほう)から始まる」なんて言ってた。だから、アメリカ人の英語の話し方をまず、外形的にまねるのさ。英語を話すときはかならず身体表現がともなう。わかりやすくいえば、ボディーランゲージが連動する。だから、英語を話すときは、全身で話す。これは英語を話すときの鉄則、基本中の基本。

　カタチをまねすることから入ると、黙っていても感情がわいてくる。アメリカ人が英語を話しているときの解放感や、大胆さや、自信がみなぎった感覚や、自己愛みたいな感情をかならず味わうことになる。それらを味わい、体験することから始めれば、「英語の心理モード」つまり「英語の気分」はすぐにわかるようになる。これが一番いい方法なんだ。

　心を開放して話すことが、どれほど心地よいことかすぐにわかる。しかも頭でわかるのではなく、全身で感じることだから、すぐに確信できる。日本語を話しているときは、ボクたちは心と頭が分離している。だから、日本人は冷たい人間だと誤解される。日本人はニコリともしないで話すことに慣れているでしょ？　でもアメリカ人はいつも、身振り、手振り、顔の表情、全身で感情表現しながら話しているから、日本人の話し方に物足りなさを感じ、それを自信のなさと勘違いしてしまう。

　日本人は、もっとボディーランゲージを使って、アメリカ人の話し方をまねすべきだね。恥ずかしがる必要なんかまったくない。だって、話す現場には日本人はいないんだから。簡単にできちゃう。そのうち、そばに日本人がいたって、堂々とできるようになる。逆に、「きみはこうやって話すの、できないだろう？」みたいな、挑発的で示威的な話し方さえできるようになる。

フィラーを使え！

　フィラーって、英語では filler と書く。つまり会話の「間を埋める」もの。つなぎ言葉さ。このフィラーを使わずに英語を話すなんて、ほとんど不可能だよ。ボクが、「フィラーを使うな！」って言われたら、もうほとんど英語を話せなくなる。ボクはいつも、フィラーをバンバン連発しながら英語をしゃべるから、フィラーなしの英語なんて考えられない。身体は硬直して顔はゆがみ、口は凍りついて思考も停止し、氷の下から出てきたマンモスみたいになっちゃう。

　それほど英語を話す行為とフィラーは表裏一体。ボクが一番よく使うフィラーを紹介する。それは You know? だ。これは訳をつけようがない。あらゆる意味になる。というか、訳を超えた意味になる。つまり単なる感情の発露がこの You know?　相手が誰だろうと関係ない。バンバン使う。これはボクのキャラクターの一部だから、相手に失礼かも、なんて考えない。

　これの使い方をちょっと説明する。このつなぎ言葉は、感情にも、ボディーランゲージにも、そして思考にも直結しているから、これを使えるようになると、英語がバンバン口から流れ出てくるようになるんだ。知りたい？

"Ok 〜, you know, 〜" てな感じで使うのさ。

　一応直訳すると、これは、(Do) you know?　なわけ。つまり、「きみ、知ってる？」が原義。でも疑問符の「？」は、心の中でついている場合もあるし、ついていない場合もある。

　？がついている気分で使えば、
　　You know? ↗ ➡ きみ、知ってるよね？
　？がついていない気分で使えば、
　　You know ↘ ➡ きみ、知ってると思うけど。

　実際に使うときは、この区別を全然気にしないで使う。どっちだっていいんだよ。フィラーなんて、どうせすぐに消えるんだから。気にしない。会話の「間」をつなぐだけなんだから。でもこの You know、すごく重要なんだ。実は、これを口から出すとき、会話の相手に「わかるよね？」とか、「知ってると思うけど」なんてメッセージ送ってるくせに、自分では何もわかってない。知ってもいない。つまり、自分の心の中で、言いたいことがまだわかっていないときや、言葉の準備ができていないときにこの You know 〜, を使うのさ。頭の中がまだ空っぽでも、You know 〜, て言えばいいんだから、こいつは便利なんだ。You know 〜,って言ってから考えだす。

　この You know 〜, を使うときの感覚、もうちょっとくわしく説明するね。You know 〜,って言うときは、居酒屋へ行って「ご注文は？」ってきかれて、まだ決めてないとき、「とりあえず、ビール！」って言うでしょ？　あれと同じ感覚。You know 〜,って言えば、「とりあえず」会話が始まる。正確にいえば、相手の心とつながる。言われたほうも、「いいよ、待ってやる」という

気分になる。こういう以心伝心に近いコミュニケーションがこの You know 〜, で始まるのさ。

しかも、You know 〜, て言ったら、絶対に相手の目を見ることになる。相手の目を見るだけで会話の相互信頼が確立する。言われたほうも、「なんだよ！」みたいな感じで待つ気分になる。心と心だけじゃなく、目と目で身体的につながる。おまけに、You know 〜, を使うときには、かならずボディーランゲージが連動するんだ。自分がまだなんて言えばいいかわからないわけだから、You know 〜, と言った瞬間に右手が前に伸びて、言葉を探すとき特有の仕草が始まる。つまり手首や腕がくるくる回りだす。よくやるでしょ？　あれを意識的にやることになる。当然、右手だけじゃなく、身体全体も連動する。相手の顔をぐいっとのぞきこんで、「なんちゅーの？」、みたいな積極的ボディーランゲージになる。

これが、You know 〜, の使い方。あえて訳すと、「あのさぁ〜」、てとこかな。

日本語でも、「あのさぁ〜」って言うとき、相手とつながっているでしょ？これをバンバン多用する。それが相手とつながって話す英語の基本中の基本。

でも、注意してほしいことが一つある。何か言葉を探しているとき、「ええと〜」って、絶対に日本語で言っちゃダメ。それ罰金刑。ルール違反。もっともいけないのは、恐怖の沈黙！　けっこうこれやっちゃう日本人いるんだよ。英語が口から出てくるまで、必死に頭で考えるんだけど、その間、相手から目をそらして、あらぬ方を見てしまう。そして、身じろぎもせず、一言も発せず、凍りついた時間が流れてゆく。言葉を待ってるほうは、「オマエなんか、きらいだ！」って言われてるような気になってくる。これ、恐怖そのもの。会話の中の最悪のパターン。敵意すら感じてくる。気の短い外国人なら、怒り出す人だって出てくる。これは完全に会話のルール違反。絶対におぼえておいてね。

こんな場合、なんてこと、ないんだ。You know 〜, から始まって、次から
つぎへ、違うフィラーを連発していくんだよ、時間かせぎはきみ次第。

You know 〜, Ok 〜, I mean to say 〜, ah 〜, Ok, let me see 〜, てな
感じ。

Ok 〜, もよく使うんだけど、言ってる本人すら、何が OK なんだかわかっ
てない。自分の「思考が整った」っていう感じの心理的サインなんだけど、ほ
んの気休め。ほとんどの場合、まだ整っていない。でもこうやって無意味なフ
ィラーを連発しながら、「間」を埋め、全身で感情をアウトプットしながら、
何か言葉を出し続けることが大切なんだ。そうすれば、待ってるほうは怖くな
くなる。

日本の墨絵では、空は何も塗らずにあけておく。でも西洋の油絵では、ちゃ
んと白い絵の具で塗り込める。そうでしょ？　時間の空白は、ちゃんと、言葉
や、気持ちや、身体のサインで埋めてやらなければいけないのさ。それが西洋
流、英語流なんだ。

少し、わかったでしょ？　相手の目を見ないで、感情を殺して、ニコリとも
せず、せっかく使える身振り手振りもあるのに、それらも使わずに話すなんて、
もう、それ、英語じゃない。だから、アメリカ人の話し方をまねることから始
めればいいんだ。そうすれば、英語の気分がすぐにわかってくる。これ、ほん
の一例だぜ！

フィリピンの電圧は、何ボルト？

日本の電圧は100ボルトだよね？　フィリピンの電圧は何ボルト？　知って
る？　220ボルトさ。日本の２倍なんだ。これってわかりやすい符合だよね？
英語をしゃべるときは、心のボルテージを２倍にしてやらなければダメなのさ。
これ絶対の真実なんだ。

心の力、感情の力を使わずに英語を話すのは、邪道。

日本語を話すときの２倍の感情で英語を話しましょう。感情のボルテージを
上げて、内側からあふれるような感じで英語を話さなきゃ、英語はなめらかに
口から出てこない。英語は日本語よりずっと感情に直結した言語だから。何よ
り、IAメソッドの文法モードを使うには、「心理モード」を変換した心のエネ
ルギーを高めておかなければ、文法モードは歯車が回らないんだ。２つのモー
ド・チェンジは連動しているからね。ほとんどの日本人が、ここを知らない。

英語を話すには、日本語を話すときの２倍の集中力を使う。だから感情を高
めて、ボディーランゲージを使って表現力豊かに英語を使わなきゃダメ。これ
ができていない英語の話し方が「日本語モード」。これができてる英語の話し
方が「英語モード」。これを理解することが「心理モード」の第一歩。Okay
〜, とりあえず心理モードの導入は終わった。

INDIVIDUAL
ASCENDING
METHOD

英語は肉、
日本語は米

Point | # 心理モード講義 1.

英語と日本語、逆転してる！

　ここですべての逆転の例をあげることはできないんだけど、英語と日本語が真逆であることの最も象徴的な例を一つだけ出します。そして、下の例に代表される英語と日本語の真逆の関係を、心理モードの側面のみにしぼってこの第1巻では考察しようと思います。[日／英] が真逆であることの文法的な分析は本シリーズの第2巻、『ひっくり返せば、英語は話せる』で本格的に行う予定です。

　まず、下を見てください。こんな、きわめて簡単なフレーズでさえ、[日／英] では逆転しています。

> 日本語：　ケンタッキー　の　フライドチキン
>
> 英語：　fried chicken　of　Kentucky

　これが [日／英] の真逆を象徴する典型的な例。何が逆転しているかというと、語順が逆転している。日本語は「ケンタッキーの → フライドチキン」という思考の流れなのに、なぜか英語では、「フライドチキン ← ケンタッキーの」という思考の流れになっている。こんな最小フレーズでさえ、語順が逆転している。実際に英語を話す場合には、この逆転単位が主語になったり補語になったり、また目的語になったりする。しかもこの逆転を即興で頭の中で処理できないかぎり、口から英語の語順どおりのフレーズは出てこない。英語を話

すことは絶え間ない、頭の中のメンタルな逆転処理になるんだ。だから、まず、この逆転の現実を受け入れちゃう必要がある。この例に象徴されている［日／英］逆転の現実が、あらゆる英語と日本語の関係を象徴していると、とりあえず考えておこう。この仮定が以下の考察の大前提になる。

　さて、日本語と英語がこのように逆転しているからこそ、［日本語モード ➡ 英語モード］というモード・チェンジが必要になった。これはコンピューターの「人工頭脳」が教えてくれたことでもあった。そして、この逆転というモード変換の必要に気づいてこなかったからこそ、日本人は150年も英語を話せなかった。ボクはそう考えた。どんなことでも、原因を取り除かなきゃ、その現実はいつまでも変わらない。当然、英語をペラペラ話せない現実がいつまでも続くことになる。そして屈辱も永遠に続く。「ヤダ〜、そんなの〜！かんべんしてくれ！」だよね。さあ、いくぞ！　根本から考えよう！

言葉は文化だった

　英語も、日本語も、言葉。では、言葉ってなんだろう？

> **言葉は人間が生んだ文化の一つ**
> だから、**英語は西洋文化の結果**
> 当然、**日本語も日本文化の結果**

　日本語と英語が逆転していた現実は、言葉が現実に影響されたってことじゃないだろうか？　しかも両者を真逆にした現実があったってことじゃないのだろうか？　てことになるでしょう？　つまり英語を生んだ現実と、日本語を生んだ現実が真逆だったってことにならない？　しゃべり方ひとつからして、英語と日本語は真逆だったよね。日本語しゃべるときはなんか委縮しちゃってたけど、英語しゃべるときは解放されてたよね？　つまり、日本語の環境と英語の環境が真逆だったってことになる。その真逆の環境を「文化」っていっちゃ、

間違いだろうか？　間違いじゃないと思うんだ。としたら、ここまで説明してきたとおりだと、いえないかい？　いえるでしょう？　まずこれが、ファースト・ステップ。

　次は、セカンド・ステップ。次のことも、当然いえる。

> 英語と日本語の**語順**は**逆転**してた！
> つまり、英語と日本語は**真逆**だった。
> なら、**西洋文化**と**日本文化**も**真逆**じゃないの？

　最後の1行がインパクトある類推的結論になっていませんか？　英語が西洋言語の一つであることは間違いない事実でしょ？　だから、英語と日本語の語順を逆転させた西洋文化と日本文化が、［日／英］両方の言葉を逆転させた原因だったってことになる。つまり、西洋文化と日本文化が、もともと真逆なんだよきっと！　この想像的結論がセカンド・ステップになる。

　ホップ、ステップ、ジャンプだから、サード・ステップは次のようになる。

> じゃあ、**文化を生む力**ってなんだろう？
> 人間も ➡ 動物も ➡ 食べなきゃ生きられない
> 西洋人と日本人の**生存原理** ➡ 真逆かも？
> だからこそ、英語と日本語は、真逆になった？

　人間て、生きてるんだから、人間の文化は人間を生かしてる力であり、その力が文化ってことになる。じゃあ、それはどんな力だろう？　人間が生きてるってことは動物と同じように生きてるってこと。じゃあ、動物と同じように人間が生きてる根本の力は何？　動物が生きてるのは食べてるからでしょ。人間も生きてるのは食べてるから。生き物はことごとく食べなきゃ生きてゆけない。

単細胞生物だって、細胞膜をとおして有益な物質を外から内側に取り込んでいる。その物質は、食物といえば食物。人間も同じ。

　動物も人間も、つまりは、食べるという行為に依存して生きていることは間違いない。だからこの食べるという行為を生存原理と呼ぶならば、英語と日本語が真逆だった以上、西洋人の食べ方に直結した生存原理と、日本人の食べ方に直結した生存原理が真逆だったってことにならないだろうか？　何も食べないで生きていられる動物も人間もいないわけだから、食べるという行為は生存原理そのもののはず。ただし、何かを食べる行為も文化の一環と考えた以上、食べ方の違い、食べる物の違いが西洋人と日本人の文化の違いを生んで、その違いが言語の違いに反映したんじゃないかという想像が成り立つのさ。そういう意味で、食べる行為に直結した生存原理の中身が、英語を生んだ西洋人のそれと、日本語を生んだ日本人のそれでは違っていたに違いないんだ。簡単にいえば、こういう意味での真逆の生存原理が英語と日本語を真逆にしたんじゃないだろうか？

　ここまでが、ボクがマニラで考えた道筋さ。いや、このあともずっとマニラで考えた。日本語の本なんて１冊も読んでない。IAメソッドはマニラで完成して、マニラでたくさんの日本の大学生を英語ペラペラにしちゃった。すべて自分一人の頭でフィリピンで考えたことの結果なんだ。そうやって心理モードが完成しちゃったわけ。おもしろいでしょ？　根源を考えるって、楽しいんだよ。

　ここまでの流れ、おもしろかったと思うけど。このあとを、もっとおもしろくしちゃおうと思うんだ。もっとわかりやすい説明の仕方で展開してみる。意表を突くよ！

　二人の登場人物が出てきます。ボニー教授。ボクのことだよ。それとマリコさん。日本のかわいいお嬢さん。「マリコ！」って、呼び捨てにするけど、怒らないでね。これマンガ仕立てのスキット（芝居・寸劇）だから。思いっきり楽しんで、それで……、心理モードの本質をつかんでください。

第 2 章

Point 逃げるイノシシを、0.1秒で追う!

　このマンガスキット、実は伏線があるんだ。ボクが今所属している組織から
すでに４編の動画をアップロードしてあって、そのスキットが大好評なもんだ
から、同じパターンで説明しようと思っている。とてもわかりやすい説明の仕
方だよ。だから、ちょっと、「あれッ、この前に、なんか流れがあったの？」
って感じると思うけど、それがもとになっているんだ。ボクのプロフィール
（170ページ）に URL を書いておくから、ぜひチェックして。無駄にならない
と思うよ。楽しんでね。じゃあ、いくぜ！

西洋人の生存原理は肉

ボニー教授	マリコ、ここまで理解できたか？
マリコ	できたワ！　なるほどね！　言葉って、文化だったんだ！
ボニー教授	そうさ、そこが、一番大切な認識さ！
マリコ	確かに、英語は西洋文化だし、日本語は日本文化よね。そして、両方の文化は、まったく違うわよね〜！
ボニー教授	納得できたか？
マリコ	できた！　サッスが、プロフェッサー！　なんか、英語と日本語が逆転してた原因に大接近って感じネ！
ボニー教授	ここは、心理モード理論の核心だ！　英語と日本語が逆になる秘密の核心なんだ。いくぞ！
マリコ	ハイ！　はやく言って！
ボニー教授	つまりだ、西洋人と日本人が、食ってきたものに注目すべきなんだ！　だって食うことが、生存原理そのものなんだ

から。そうだろ？

マリコ　そ〜ゆ〜ことに、なるわね。確かに！

ボニー教授　じゃあ、きくぞ！　西洋人が、今日まで食ってきた主な食べものは、なんだ？

マリコ　それは、肉よ！

ボニー教授　そうだ。じゃあ、日本人は、なんだ？

マリコ　それは、お米よ！

ボニー教授　そのとおりだ。てことは、肉と米の違いが、英語と日本語の違いをつくったってことにならないか？

マリコ　なるほどね〜！　そうなるわね。

ボニー教授　さぁ、そこで問題だ！　肉と、米の違いは、なんでしょう、マリコさ〜ん？

マリコ　ええと〜、肉と、米の違いでしょ？　動物性食品と、植物性食品かな？

ボニー教授　コラッ！　そんなくだらない答え、IA メソッドの答えであるわけ、ないだろ！　もっと革新的な答えを探せ！

マリコ　焼くと、煮る？　違う、違う！　ええっと〜、肉食べると攻撃的になる、お米食べると〜、眠くなる。

ボニー教授　バカモノ！　おちょくってんのか、このオレを！

マリコ　ちょっとね。だけど、わかんない！　アナタの用意してるトンデモナイ答え、想像つかない！

ボニー教授　わかってるじゃん！　そう、トンデモナイ答えだ！　時間が、もったいない！　教えたる！　**肉は逃げるけど〜、米は逃げない！**　これが答えだ！

マリコ　エエッ、ちょっと待って〜！　アッ、そっか！　肉は、もともと野生の獣。だから逃げる！　米は田んぼに植えた稲。だから逃げない！

ボニー教授　そうだ！　それで正解だ！　西洋人は、原始時代から逃げ

る獣の肉を食って生きてきた。そうして英語が生まれた。日本人は、大昔から逃げない稲の実を食べて、生きてきた。そうして日本語が生まれた。

マリコ　なるほどね、反論する日本人、いないと思うわ！　でも英語の先生、そんなこと言ったの聞いたことないナァ～。

ボニー教授　だから日本人、英語話せないんだ～！　英語は、こ～ゆ～とこから考えなきゃ、本質は見えてこないの。

マリコ　アナタ、自信家だし、独創的よね、考え方が！

ボニー教授　うれしいね～、わかってくれて！　でも～～。

マリコ　「好き、とは言わない」なんて、「言わないコトッ！」もう～、みんな、飽きてんだから、その冗談！

ボニー教授　ハイ！　マジメにやります。じゃあ、いくぞ！　キミが、西洋の原始時代に生きていた男だとする。ここ数日、なんにも食ってないとする。今日、狩りで、獣をハンティングできなけりゃ、妻も子もみんな死んでしまうとする。そういう状況でキミは、槍もって、狩りに出かけたとする。いいか？

マリコ　すっごい設定ね！　アナタらしいワ。そんで～？

ボニー教授　偶然、イノシシの小っちゃいのが、キミの前を走り抜けた！　さぁ、ど～する？

マリコ　決まってるじゃん、追っかけるわよ！　絶好のチャンスじゃん！　ワタシ～、いや、オレ、ついてる！

ボニー教授　そうだ、想像の中で、西洋人の狩人になれ！　マリコ、いやマリ男は必死に追いかける。イノシシも、必死に逃げる！　どっちも命懸けだ！

マリコ　「妻の顔が浮かぶ～～」、なんか変！　わたし、女だモン。

ボニー教授　気にするな。これは、空想だ！　と……、イノシシが、いきなり、藪の中に突っ込んだ。姿が見えない！　状況から

判断してイノシシは右へ逃げたか、左へ逃げたか、必ずどっちかだとする。二者択一だ！

マリコ　それ、緊張する場面ネ！

ボニー教授　そうだ、判断間違えたら一家全滅だ。家族もろとも、餓死だ！　そ〜ゆ〜、生きるか死ぬかの瀬戸際だ！　西洋人てのは、みんなそうやって生きてきた！

マリコ　怖〜い！

ボニー教授　さあ、どうする！　間違いなく、マリ男は足跡とか、においとか、藪の倒れ方とか、地形とか、いろんなことを考える。どのくらいの時間をかけて考える？

マリコ　そう、ねェ〜。

ボニー教授　妻の意見ききに、洞穴へ戻るか？　それとも腕組んで、空見つめてじっと考えるか？

マリコ　考えてるヒマ、ないじゃん！　イノシシ逃げちゃうんだから！　スグじゃなきゃダメでしょ！

ボニー教授　そうだ！　サァ、どうする？　右か？　左か？　選ぶのはどっちだ？

マリコ　右！　右へ行ったと思う！　これ、命懸けのギャンブルよね！

ボニー教授　その命懸けのギャンブルに、かける時間は？

マリコ　5秒か、6秒！　もたもた考えてるヒマなんかない！

ボニー教授　そうだ!!!　0.1秒の判断だ、必要なのは！　でも、まあいい、キミは5秒6秒後には、もう右へ地面を蹴って宙を舞い、全力で走りだしていた！　なんと〜、イノシシは、行き止まりの崖の前でウロウロしてた！　チャンスだ〜！

マリコ　オレは、槍をもって突っ込む！　そして思いっきり、イノシシめがけて槍を投げる！　めでたし、めでたし〜、でしょ？

ボニー教授	そうだ。よかったな、マリコ！　アッ、ごめん、マリ男！
マリコ	でも、すっごい緊張感だった。想像の中でも！　だって、判断間違えてたらわたし、死んでたんでしょ？　家族もろともに？
ボニー教授	そうだ！　それが英語を生んだ西洋人が生きていた生存の現実だ！　決して、大げさじゃない。空想でもない。現実だったんだ。
マリコ	で〜、何が言いたいワケ？
ボニー教授	自分を救ったのは、なんだ？
マリコ	ええ？　どういう意味？　その質問？
ボニー教授	キミとキミの家族を救った、究極のリアリティーはなんだった？
マリコ	スグに判断したことかな？　すぐ追っかけたことよ！
ボニー教授	そうだ。つまりアクションだろ？　すぐにとったアクションが自分を救ったんだ！
マリコ	そうね！　ダラダラ考えてたらわたし、いやオ・レ〜、死んでた！
ボニー教授	アクションって、なんだ？　言語として考えたら？
マリコ	言語として〜、変な質問ね！　でも、アッ、動詞か！

ボニー教授　そうだ、動詞だ！　英語の場合、動詞は文のどこにある？

マリコ　「I go〜」とか、「I get〜」だから、主語のすぐ後ろだわ！

ボニー教授　そうだ！　英語の動詞は、文の先頭部分に入ってる。日本語だとどうなる？

マリコ　「オレ、いろいろ考えたけど、地形から判断して、可能性の高い右へ、**行く！**」とか、「オレ、肉食べたいので、絶好の獲物であるイノシシを、**追っかける**」とかだから、あッ、そっか〜、動詞は文の最後だ。てことは、日本人はアクション後回し！　行動の前にグタグタ言うんだ！

ボニー教授　そうだ。西洋人はアクション最優先。それが彼らの生存パターン！　でも日本人の場合は〜。

マリコ　動詞は文の最後。つまり、アクションをすぐには起こさない！　エエッ〜〜、ァァ〜、お米は逃げないからダ〜！逃げないお米を食べてたから日本人、アクション、即断できないんダ〜！

ボニー教授　完全に、わかったようだな？　英語もまとめてみろ！

マリコ　西洋人は肉、つまり逃げる獣を追っかけて0.1秒でアクション起こしてた。だから、動詞は文の前方に出てきた！　言葉と行動は一致するのよ！

ボニー教授　そうだ。もし、その人間の生存パターンと言葉が一致してなかったら、どうなる？

マリコ　そんな言葉役に立たない！　そんな言葉は存在しない！　言葉はかならず生き方や現実に一致するってわたし、今、わかった！

ボニー教授　言葉ってものは、そういうものだ！　英語の本質も、このレベルから理解しないと、わからないんだ！

マリコ　アナタ、やっぱ、すごいわ。今日は、ほんと尊敬した。こんな英語の説明、聞いたことないもん。ありがと！

ボニー教授　Not at all! I'm happy too! You got it, right?

解説で〜す

　わかりやすい説明だったと思うよ。英語が西洋言語の代表だと一応考えておく。「そんな大昔、英語はなかったぞ〜」とか、「英語史によると〜」、なんて細かいことは、今は言わないこと。そんなこと、ぜ〜んぶわかってるんだから。今は、言葉の根源的な性格をつかむ部分なの。

　西洋人が生み出した英語と、日本人が生みだした日本語の、動詞の位置が完全に違うことを意識してほしいんだ。英語では SVO で、動詞（Verb）は主語（Subject）のすぐ後ろ。英語を話すときは、主語と動詞はほとんど同時に即決される。そこが決まらなきゃ、文は始まらない。てか、思考が始まらない。思考が始まらなきゃ、なんの現実も生まれない。その間に獲物のイノシシは逃げてしまう。10秒じゃ遅い。0.1秒で行動の決断ができなきゃ自分の生存を担保できない。これが肉を食っていた民族の避けがたい原初の姿だったのさ。「オレ、追う！」とか、「オレ、捕まえる！」って、行動をふくめた判断が最優

先で求められていた。行動が遅れると、生存は担保されなかったってわけ。つまり、「アクション＝生きること」だったわけ。わかるでしょ、この理屈。逃げる獣の肉に依存して生きていた西洋人の生き方は、この現実から逃げられなかったわけ。家畜化の文化は、そのずっとあとのハナシ。今話してるのは、もっと原始的な状況。人間が腰に獣の皮を巻いて、言語を使い始めた直後の状況を想像してほしい。そこでは、言葉という思考の道具を使って生きのびる知恵をもった西洋人が太古のユーラシア大陸に出現していた。

　1秒の間に、10メートル以上も逃げてゆくイノシシを追いかけるのに、「オレ、〜〜〜〜〜、追いかける」なんて、日本語みたいな悠長な思考をしていられますかってハナシだよ。ジャマイカのウサイン・ボルトだって、100メートル9.58秒だ。思考と現実は一致するのさ。ここでいう思考とは言語のこと。生の現実に合致していない言語が生まれる可能性なんてゼロだった。つまり、日本語を使う日本民族はユーラシア大陸では生きのびられなかったことになる。

　これは、冗談ぽく話しているけど、最先端の脳神経科学の成果をふまえていっている。南カリフォルニア大学のアントニオ・ダマシオ教授の言っていることなんだ。彼は医学博士。彼の研究はすごい。そのダマシオ教授の研究によると、言語の原理と人間の生存原理は直結しているんだって。言語は、頭の中の大脳皮質だけから出てくるもんじゃないという。言語はもっと根源的な人間の生きる原理、つまり生存原理の中から出てくるものなんだって。その原理は脈

拍数だとか、心拍数だとか、血液のペーハー値だとか、あらゆる生物学的な基本条件を一定の幅の中に収めているホメオスタシス（生物恒常性）のシステムそのものなんだそうだ。そこから生み出される生を維持する根源的な指令は人間の無意識の感情を生み出していて、その感情の中に言葉の根源になっている言語イメージも入っているんだそうだ。

　言葉だって音声に変わる前はイメージなんだという。人間を根底で生かしている力は脳幹上部や、視床下部や、前脳基底部などから立ち上がる生に直結した情報で、その情報は非言語的な情報なんだそうだ。それらの非言語的なイメージ情報は気分に近い感情として立ち上がってきて、それが最終的に大脳皮質の特定部分、具体的にはブロッカー野やウェルニッケ野なんかの言語野にマッピングされて言葉に変わるんだ。だから言葉も、人間の生を支えるイメージの一部なのさ。というか、言葉は、根源的なホメオスタシスの現実を無視しては存在できないものだってことになる。イノシシやシカなど逃げる野生の獣を追いかけて生きていた人間は、そういう環境で形成されたホメオスタシスに反した言語など、もちたくてももてなかったってことなんだよ。人間は生物だから、生存第一さ。自己の生存に合致しないいかなる文化も人間はもちえなかったわけ。

　西洋人が生きてきた過酷な生存環境でアクションを躊躇してたら、そんな「行動のとろい人間」は、みんな死に絶えちゃったはずなの。今生きてる西洋人はみな、0.1秒でイノシシを追いかけることのできた遺伝子を受けついだ子孫たちなんだよ。食うこと、獲物をつかまえること、つまり肉を獲得することは、西洋人の根源的な生き方を生み出した生存原理そのものだったことになる。その根源的な性格が今英語という特化した西洋言語に端的にあらわれている。そう考えられる。だからこそ、いま英語は世界中で使われている。英語がもっているアクション優先の言語構造は、激変する近代以降の世界にとっては絶好の思考ツールだったってわけ。

　それともう一点、言葉を理解するとき、「読む言葉」を言葉だと錯覚しちゃ

間違いだ。言葉は、長〜い人類史において、ずっと「話す言葉」だったんだから。言葉が粘土板やパピルスなんかに書かれた「読む言葉」に変わったのはつい最近のこと。その前は、ずう〜ッと「話す言葉」だった。「話す言葉」は、思考と行動の間に時間をおく必要がない。思考した瞬間に行動に移せる。でしょう？　だから、言葉の本質を理解する場合には、「話す言葉」をつねにイメージしておかなければいけないことになる。

　ボクたちのターゲットは「話す英語」でしょ？　「読む英語」じゃない。だから、なおさら言葉と人間の生存原理の関係を深刻に考えなきゃいけなくなる。ダマシオ教授の研究は、ほんのここ10年、15年で世界中で脚光を浴びるようになってきた学説だから、知らない人が多いと思う。英語の研究や言語の研究は、彼の主張している学説を無視しては、これからは無理だと思う。

　さて、「じゃあ、日本語はどうなってる？　ほんとに、英語の生存原理の真逆になっているのか？」ってことが、気になりだすでしょ？　そうです。次のステップは、そこへ進むんです。

Point
心理モード講義 2.

言葉って、なんだ？

　言葉というのは、ダマシオ教授がいうには、「コード化された音やジェスチャーで成り立っている」(1)もので、そしてそのコードとコードは、「文法と呼ばれる一連の規則によって互いの結びつきが統御され」(1)ているものなんだそうだ。コード（code）って暗号とか符合とか記号って意味だよね。確かに、個々の単語は人が口から発する音声であり、しかも暗号だわ。だって日本語を全然知らない人に［Ringo］って音声を与えたって、その外国人は「林檎」をイメージできないもの。［Ringo ＝林檎］であることを知っているのは日本人と、それを知ってる一部の外国人だけだから。I like Ringo. と英語で言っても、「あぁ～、オマエ、ビートルズのリンゴ・スターが好きなんだ」って思うかもしれない。だから、確かに言葉は音声のコードつまり暗号だとわかる。

　また Ringoって音を口から出すときに、林檎をガブリと噛む仕草をするか、リンゴ・スターがやってたみたいにドラムを叩くまねをすれば、Ringo が林檎なのかリンゴ・スターなのかもわかりやすくなる。英語国民は言葉を話すときに身振りや手振りで意味を補うけど、それを「ボディーランゲージ」っていうよね。だから、ジェスチャーもコード化されたランゲージの一部であることは間違いない。なるほどねって気がする。難しく言われたら一瞬ひるむけど、よ～く考えたらちゃんとわかる。

言葉の倉庫は性向空間

　ダマシオ教授は、言語の背景には「非言語的自己」があり、「非言語的認識」

があるという⑵。その非言語的な認識は感情であって、その感情はイメージとして脳の内部に存在しているという。人はそれを「なんとなくうれしい」とか、「悲しい気持」とか、「気が滅入る」みたいな言葉で表現するけど、そういう感情ってとらえどころがない。それは、感情がイメージだから。そういう漠然とした「感情＝イメージ」が言葉のもともとの姿なんだそうだ。ここは重要な部分だから、きちんと引用しておく。

　「物事の記憶、物事の性質の記憶、人々や場所の記憶、出来事や関係、技能、生命管理プロセスの記憶——つまりは進化で与えられた生得的なものにせよその後学習したものにせよあらゆる記憶——は、性向という形で脳内に存在し、明示的なイメージや行動になるのを待っている。人の知識ベースは暗黙で暗号化され、意識されない。性向は言葉ではない。それは可能性の抽象的な記録だ。言葉や記号の実施の基盤も、発話や手話などのイメージや行動という形で現れるまでは、性向として存在しているのだ。ことばや記号を組み合わせるやり方、言語の文法もまた、性向として保有されている」⑶。（傍点省略・下線著者）

　キーワードは「性向（disposition：性質の傾向、気立て、気質）」という言葉。人間の脳内の「性向」がイメージの宝庫であり、感情の宝庫であって、そこに非言語的な情報のすべてが入っているという。当然、英語と日本語の文法も本来はイメージや感情なんだ。言語は大脳皮質の言語野でいきなり文法的に構造化されて出てくると誰もが思っているけど、ダマシオ教授はそれを否定した。だから、これまでのすべての言語理解や解釈は間違っていたことになる。言語の文法すら非言語的な「性向」つまり「感情＝イメージ」なんだ。大脳皮質の言語野はいわば舞台裏の控室みたいなところにすぎない。舞台に立つ派手な役者たちは日頃は目立たないかっこうで暮らしていて、いつもは一般人にまぎれてわからないようにしてスタンバイしてるのさ。それが言語というものの実態らしい。

マッピング＆イメージ

　言葉のもともとの姿である感情がどうやって生まれてくるかも知っておく必要がある。言葉は、身体を介して人が外界を認識することで生まれてくる。これは細胞膜をもった単細胞生物でも同じこと。その細胞にとって害になる物質が内部に侵入してきたときは、細胞はその物質を外に排出するし、そういう物質に偶然接触してしまった場合には即座にその場から離れようとする。単細胞生物は脳も意識も意志ももっていないけど、自己の生を維持するのに必要なそういう機能をちゃんと持っている。人間という生命体も同じ。人間は身体を介して外界を認識し、その外界が自分にとって有益か危険かを判断する。有益な場合は接近するし、危険を感じたら離れる。そしてその情報をホメオスタシスを機能させている脳部分に送って情報を統合し、次の反応をスムーズに行えるようにする。

　このとき感情が発生する。危険物が身体の近くにある場合には、心拍数も脈拍数も上がり、ホルモンが血中に分泌されて血圧も上がり、逃走に必要な筋肉への血液供給も増加する。逃走中に多少の傷を負っても意識しないように神経の苦痛伝達回路も遮断（しゃだん）される。内臓だって緊縮（きんしゅく）する。すべては生を最優先で確保するための意識のない身体反応として起こる。しかし実は、意識されていないだけ。身体の中ではこれらの生体反応が引き金になって無意識の感情が発生している。その感情の姿がイメージ。イメージは心の通貨であり、身体というスクリーン上の映像。そのイメージを人間は知覚して「ヤバイ！」とか、「怖い！」などと直感的に感じとる。

　これらはすべて無意識で自動的な身体反応として起こる。つまり感情は人間の生存状態を反映した生体反応なんだ。そしてその感情は、最終的には電気信号として大脳皮質の感覚野に伝わり、情報の種類に応じて大脳の特定部位にマッピングされる。マッピングというのは大脳皮質の神経が電気的に On になると Off のままの背景から浮き上がって画像化するからなんだ。そのトポロジカル（図像的・位相幾何学的）な情報や構造をマップと呼んでいる。その画像

化された情報の地図情報、つまりマッピングの神経情報は指令として全身に伝わり、全身が外界に対応して最適の状態で即応できるようになる。

　身体各部と脳の間でそういう情報交換をしているうちに、身体と脳の間に情報が循環するループが形成され、脳の中にヴァーチャルな外界マップができあがる。そして、ヴァーチャルな次元だけでも生体の最適化シミュレーションができるようになる。それは時間とエネルギーの節約になり、人間がより確実に未来を予見したり、自己の生を確保したりする手段になる。これらの電気刺激や反応のネットワークは人間の脳の中で瞬時に変化し、瞬時に上書きされ、瞬時に修正される非常にフレキシブルなシステムをつくりあげるが、その反応システムが変化する瞬間ごとにイメージが創発され、感情が創発される。

　でもそのイメージ、つまり感情は非言語的な反応で、姿すらなかったので、人間はそれらを今日までずっととらえることができずにきた。だから心は肉体とは別だとか、心など存在しないとか、さまざまな的外れな憶測がいろいろな学会で幅をきかせてきた。つまり、人間が人間を知らない歴史が延々と続いてきたんだ。ダマシオ教授自身、心身問題の理解に関して、「神経解剖学的、神経生理学的な細部が解明されたのは、ほんの過去数年ほどのこと」[4]と言っている。彼が自著の中でこう言ったのは2010年時点のことだから、なんとまあ、昨日のことじゃないということになる。

感情：エモーション＆フィーリング

　ボクは、英語を話すときは感情を身体で表現しながら話すべきだって言ったよね。それを理解してもらうために、英語を話すときに背筋をピンと伸ばしてイスに座り、両手を両膝に置いてきまじめに話す日本人の話し方と、ソファーにふんぞり返って片足を片膝にのせ、聴いてる人をなめた感じでしゃべるアメリカ人の様子を誇張して対比したんだ。要するに、英語を話すときは感情豊かに話さなければダメだってことを主張した。なぜなら「英語＝感情表出言語」だから。

　ところで、この感情ってやつはけっこうやっかいだ。ダマシオ教授は人間の感情を３つに分けて理解している。根源的な感情は「情動（Emotion）」で、ホメオスタティックな感情とも呼ばれていて、人間の生存原理と直結した感情の根源部分。これは無意識的な生体反応からにじみだす感情で、恐怖、怒り、悲しみ、よろこび、嫌悪、驚きなんかがこれに当たる。

　２番目はこの「情動」を心が知覚して感じる「情動の感情」ともいうべき感情で、これが普通の「感情（Feeling）」に当たる。でも情動と感情は連続していて明確には分けられない。そしてこの情動と感情を包括する概念もあって、それも「感情（Affect）」と呼ばれる。ダマシオ教授の定義どおりに英語を使えば混乱は起こらないけど、日本語でこれらを単に「感情」と言ってしまうとどれを指しているのかわからなくなる。これが感情がやっかいな理由。そしてこれが西洋でさえ長い間感情が科学の分析対象にならなかった理由だった。だから、感情をホメオスタシスに関連づけ、人間の生きる力の根源は「情動」だと脳神経学的に証明したダマシオ教授の研究は画期的な意味をもったんだ。

　彼は先端的な神経画像技術を駆使して、姿のない感情をさまざまな神経パターン（Neural pattern）に還元して証明しちゃった。その結果、感情とは何か、意識とは何か、心とは何か、自己とは何か、主観性とは何かなど、永遠のミステリーだった領域を明瞭に概念化しちゃったんだ。

思考モードと言語モード

　ボクがフィリピンから日本へ戻ってから、ダマシオ教授の研究に着目した理由は大きく分けると２つある。１点目は言語の根源が「性向」であり、それは非言語的で意識以前の「イメージ＝感情」であることを彼が主張していたから。そして２点目は、その感情の根源部分が人間の生存原理に直結していて、感情表出を抑制すると人間は生を否定することになり、死を志向するのと同じことになると彼が主張していたから。

　ボクがフィリピンで英語を存分に使って充実を感じながら生きていた（？）ときに感じた英語と感情の強い関係を、ダマシオ教授の研究が学問的に言い当ててくれていたんだ。自分が英語を話すときに意識していた「心理モードの変換」を、彼の科学的証明が裏づけてくれていたともいえる。

　ダマシオ教授は、感情は人間の「生命管理のバロメータ」[5]だと言っている。なんで感情が生命管理のバロメータかっていうと、「感情とはホメオスタシスの心的な代理」[6]だからというんだ。ホメオスタシスは、「無秩序な状態に至ろうとする物質の傾向に対抗し、もっとも効率的な安定状態によってのみ達成が可能なレベルで秩序を維持しようとするプロセス」[7]だという。ホメオスタシス自体は思考でも意志でもないけれど、その生命体が「何があっても生存し未来に向かおうとする、思考や意思を欠いた欲求を実現するために必要な、連携しながら作用するもろもろのプロセスの集合」[8]というわけさ。それを無意識の感情がイメージとして全身にくまなく浸透しつつ、個々の生命体を生存に向けて調整しているという。

　ダマシオ教授は、感情とは「思考モードの変化──の知覚」である[9]ともいっている。彼のいう「思考モード（mode of thinking）」という言葉は、つまりは、ボクがいっている「言語モード」に当たらないだろうか？　自分の直観もすごいなと自画自賛したくなる。だってボクはフィリピンでそれを客観視していたんだから。まあ、ほどほどにしておこう。ともあれ日本語モードと英語モードの違いは、両言語の間の感情表出の違いに帰結するとダマシオ教授はいっていることになる。これ、いきなり結論だ！

　言葉と感情は直結している。いや……、言葉を駆動（くどう）する力こそが感情なんだ。

❖引用箇所
(1)『進化の意外な順序』アントニオ・ダマシオ著・高橋洋訳　白揚社　p. 81
(2)『無意識の脳 自己意識の脳』アントニオ・ダマシオ著・田中三彦訳　講談

　社 p. 142〜143

⑶『自己が心にやってくる』アントニオ・ダマシオ著・山形浩生訳　早川書房 p. 176

⑷ 同書 p. 120

⑸ 同書 p. 72

⑹『進化の意外な順序』p. 38

⑺ 同書 p. 49

⑻ 同書 p. 48〜49

⑼『感じる脳』アントニオ・ダマシオ著・田中三彦訳　ダイヤモンド社 p. 125

英語は肉、日本語は米

Point

もう〜少し、様子をみよう!

　英語と西洋文化の関係は、イノシシを0.1秒の判断で追いかけていた太古の西洋人の姿を想像することで理解できたよね。彼らは肉を食べて生きていた人々だったから、アクションを起こさずには自分の生存を確保することはできなかったんだ。彼らは行動を起こすか起こさないかの判断を最優先で決めていた。そういう太古の西洋人の生き方つまり生存原理が、動詞を最優先で決断する彼らの言語原理をつくりだし、それが英語の場合、SVO というかたちで、動詞を先に口走る英語の特徴に結実した、そう考えられる。この「動詞＝アクション」重視の言語構造をもつ英語に対比して、日本語の構造はどうなっているかをこれから確かめてみよう。またマリコさんに登場してもらう。

日本人の生存原理は米

ボニー教授　つまり、西洋文化の中の生存原理が、英語という言語原理にも反映していたということを前のスキットでは確認した。そうだったよな、マリコ!

マリコ　そうね。だから〜、今度は日本語の番でしょ?　アナタすでに「日本語は、米ダ!」って大見栄切ってんだから、ちゃんと責任取ってよ!　日本語とお米はどうなるの?　くわしく教えて!　やっぱシカとかクマが、出てくるわけ?

ボニー教授　出てこない。その代わりキミは弥生時代に生まれ変わる! Back to the past だ!　自分を、弥生時代の男と思え!いいか!

マリコ　また男なの!　かわいい美女のまんまで、弥生時代に行き

たいな〜！

ボニー教授 そうは、問屋はおろさない。弥生時代に米をつくってた男だ、設定は！

マリコ いいけどォ〜！ しょせん、これ空想だから。ハイ、始めて！ 状況設定！

ボニー教授 日本の自然は、豊かだ。昔っから、そうだろ！ 日本には四季ってものがあって、人間がなんにもしなくても、自然はどんどん変化してくれる。

マリコ そうね。冬になれば、山に雪が積もり、春になれば、その雪がとけて……。

ボニー教授 平地の田んぼにその水が流れ込む。ありがたいもんだ。

マリコ 夏になれば、黙っていても強いお天道様の日差しが稲を成長させてくれる。

ボニー教授 そのあとは？

マリコ 秋には収穫よ！ 楽しい秋祭り！ ワタシ小学生の頃、おばあちゃんちへときどき行ったから、知ってる！ 楽しかったなァ〜、秋祭り。盆踊りとか、お月見とかも〜！

ボニー教授 う〜ん、確かにいいもんだ。日本の秋祭りは！

マリコ アナタ、北海道でしょ？ 北海道に秋祭りなんて、あった？

ボニー教授 お前、するどいね〜！ 北海道では米つくってなかった、昔はな。今とだいぶ違ってた。本州育ちのキミが、うらやましい！

マリコ アナタ、すなおネ！

ボニー教授 感傷にひたってる場合じゃナイ！ これは心理モードの講義第2弾。日本語と米の関係のアカデミックな講義だ！

マリコ はい、そうでした！ そんで〜？

ボニー教授 確かに米は逃げない。苗を田んぼに植えたら、稲はそこか

らもう逃げない。日本人が１秒２秒を争って行動をとる民族じゃなくなった理由は、そこにある。

マリコ　そうよね、それ、ワタシにもわかる。だからアクション、つまり動詞は文の一番最後で、よかったのよね。

ボニー教授　よく覚えてるな。そのとおりだ。

マリコ　**米は逃げない！　お米には、逃げる足がない！**　いいじゃ〜ん、衝撃的だわよ、その度肝の抜き方！

ボニー教授　おほめいただき、感謝いたします。ところで、いくら日本人だって、ず〜っとのんびり、生きてたわけじゃない。緊張する瞬間もあった。さぁ、どんなときだったと思う？

マリコ　う〜ん、どんなときかしら？

ボニー教授　農民の気持になってみろ！　命懸けの瞬間が、いきなりやってくる。いつだ？

マリコ　台風だなッ！　おばあちゃん言ってたもん。「去年は、ヒヤヒヤしたんだよ〜」って。

ボニー教授　そうだ。収穫前にいきなり台風来たら、実りの秋なんてなくなっちゃう。江戸時代だったら大飢饉、餓死、餓死、餓死の世界だ！

マリコ　怖〜い！

ボニー教授　ぶりっ子みたいな怖がり方するな！　キミは今、弥生時代の農民だ！　本気になって、考えろ！

マリコ　そうよね。稲の実り方がまだだったら、収穫はもっとあとにしなきゃね。でも、そうやってるうちに台風来たら、すべて失っちゃうし、怖いわよ、それって！

ボニー教授　台風の到来をどうやって判断する？　なんか、そろそろ台風って気配だぞ！

マリコ　う〜ん、やばい！　風の変化を肌で感じて、空の雲をじっと見つめて〜、山の端の色づき具合を観察して、それに暦

を思い出して〜。いろいろあるワネ〜、判断材料が。

ボニー教授　そうだ、何分考える？

マリコ　何分じゃ、足りないわよ。腕組んで空見つめて、30分や1時間、考えるわよ。

ボニー教授　そんで、どうする？

マリコ　自分一人じゃ、決めらんない、てことに気づく。

ボニー教授　そうだ！　正解だ！　てことは？

マリコ　村長んとこへ行くわ！「村長、どうしますか？」ってきく。

ボニー教授　そうだ、そしたら、村長は、なんて答える？

マリコ　「みんな集めろ！」「今晩は、村会議だ！」ってとこかな？

ボニー教授　そのとおりだ！　キミは今、ちゃんと弥生時代やってるゾ！

マリコ　つまり、すぐに判断しないわけだ。一人で判断しないし、合議制で決めるってワケね！

ボニー教授　うまく、まとめたな！

マリコ　しかし、1秒2秒で、「右！」、「左！」ってアクション起こした西洋人と、ずいぶん違うのね！　のんびりしてる〜日本人は。

ボニー教授	驚くのは、まだはやいゾ！　その後どうなる？
マリコ	村長の家に村人全員集まる。そしてみんなが意見、言う！日本は、トップダウンじゃなくて、ボトムアップだから。
ボニー教授	そうだ！　酒や、酒の肴はいらないのか？
マリコ	あったほうがイイ！　絶対！　心がひとつになる！
ボニー教授	だろう？　そんで？
マリコ	3時間はかかるわね。みんながワイワイ酒飲んで、自分の意見言って。
ボニー教授	そうだ。そして、どうなる！
マリコ	最後は村長の決断で、決まると思う。「みんなの意見は聞いた。最後は、オレに判断、まかせてくれるか？」な〜んてね。
ボニー教授	キミ、ほんとの弥生人みたいだな！
マリコ	そろそろ最後ね！　アナタ、どんなどんでん返し、用意してるの？
ボニー教授	聞きたいか？
マリコ	あったり前ジャン。そのための講義でしょ！　はやく、言って！
ボニー教授	村長はたぶん、こう言う！「ここはおらが村の正念場だ！今年も台風にやられたら、来年は地獄だ！　生きるか死ぬかの瀬戸際だ！　だろう？　みんな！」
マリコ	たぶんね。そう言うと思う。みんなも、「村長の意見に従う！」て、ゆ〜と思う。
ボニー教授	そこでだ、村長の最後の大決断がくる！　絶対、こうくるぞ！　「もう〜少し、様子をみよう！」てな。
マリコ	オモシロ〜イ、絶対そうだ！　現代人とおんなじだわ！今の日本の政治家とも、おんなじじゃ〜ん！
ボニー教授	判断を保留して、保留して、最後にたっぷり時間をかけて

そんで最後に、**もう〜少し、様子をみよう！**

マリコ　ホントね！　ウソみたい！　でもそれ、間違いないわ！

ボニー教授　そう思うだろ？　これを日本人の思惟方法と行動の様式っ
　　　　　てんだ！　よくおぼえとけ！

マリコ　なんかそれ、学説っぽいわね〜！

ボニー教授　この日本人の思惟方法と行動の様式を、日本語との関係で、
　　　　　まとめてみろ！

マリコ　はい！　先生！　日本語では、動詞が文の一番最後に来ま
　　　　　すが、これは、日本人が最後の最後までアクションを保留
　　　　　して生きてきたためです。これは、自分から行動を起こさ
　　　　　なくても、自然がどんどん変化してくれて、最後の選択肢
　　　　　を自然が与えてくれて、そんなふうに受動的に生きてこら
　　　　　れたからで、日本の自然のおかげで〜す！

ボニー教授　その説明、完璧だ！　よくできましたマリコちゃん！　そ
　　　　　れで、動詞の前には、何がある？

マリコ　エッ、まだあるの？

ボニー教授　主語と動詞の間には、どんな言葉が入ってくる？

マリコ　いつ、誰の田んぼから、何人で刈るかとか〜、何日でやる
　　　　　かとか、やらないとか〜、ごちゃごちゃ諸条件が入ってく
　　　　　ると思うわ〜。

ボニー教授　そのとおりだ。アクションの前に、いろんな条件にふれる
　　　　　ことになる。なんでだ？

マリコ　ああ〜、なるほどね！　一人で生きてなかったから、日本
　　　　　人。いつも集団で生きてた。だから、いろんな人との関係
　　　　　が出てくるわけね。それにふれなきゃ、「刈る」とも、「刈
　　　　　らない」とも言えないのよ。

ボニー教授　そうだ、大雑把にいったら、SOV だろ？　その O の部分、
　　　　　簡単にいえば目的語だ。目的語にふれてからじゃないと、

アクションには到達できないんだ、日本人は。

マリコ てことは、英語はきっと反対だわ！　えっと、英語は、あれ～～、SVO じゃん！　目的語は動作の後回しじゃん。「刈る」「刈らない」の判断が先だ！

ボニー教授 おもしろいか？

マリコ おもしろ～い！　日本語と英語の関係ってすご～い！　こんなに深いんだ！　てか～、人間の生存形態の違いがちゃんと言語構造に反映してるんだ、オドロキね～！　まいったな～！

ボニー教授 今日も、感動してくれましたか？　マリコさん？

マリコ はい！　すなおに、ハイです。

ボニー教授 これで、心理モード理論の半分は終わったことになる。

マリコ えッ、まだ半分あるの？

残り半分は次章で検討します。ここでは、生存原理から見た日本語理解に「けり」をつけます。

解説で〜す

　日本語と英語の一番大きな違いは動詞の位置。日本語は、たとえば、次のように話します。

　「**ボクはね**、ラーメンといえば誰もがしょうゆ味の正統派、福島の喜多方（きたかた）ラーメンなんかを思い出すだろうけど、たまたま福岡へ行ってさ、偶然にね、白いスープ味の魔力に取りつかれてからというものはさぁ〜、なんと週１で〜、豚骨ラーメンを**食べるんだ！**」

　日本語はこういう話し方をします。記号であらわすと S〜OV。しょせんは「僕は豚骨ラーメンをよく食べる」に過ぎないメッセージだけど、「なんとまあ饒舌（じょうぜつ）な」といいたくなるほどに、主語と動詞の間にさまざまな表現が流れ込む。その間、「食べる」という結論は延々と先送りされ、最後にやっと動詞が登場する。

　この日本語のサンプルには日本人の思惟方法と、行動の様式が凝集（ぎょうしゅう）されている。動詞が英語みたいにすぐに出てこないのは、日本語の最大の特徴。これはすでに何度もふれているように、日本人は変化する自然を観察しながら、いろんな選択肢がおのずから消えていって、最後に残った選択肢を自分の判断にしてきた当然の結果なんだ。農耕に基盤をおいた定住生活をしながら、勝手に変化する自然を相手にしていたら、観察に時間をかける生き方になっていた。そして最後に残ったカードを受動的につかむ生き方が日本人の生存方法になっていた。それが言語構造自体にあらわれている。

　もちろん、これが悪いわけではない。これはこれで日本という風土の中では賢い生き方だった。しかし、われわれが今生きている時代は、もうそれを許してくれるような環境にはない。人類は今、未曽有（みぞう）の激変にみまわれている。人類が今、どこに向かってアクセルを踏み込んでいるのか、誰も知らない。それは多分に人類史の終焉（しゅうえん）を予感させるが、演出しているつもりの連中も、実は、

何も知らない、ということを知らない。そういう怖い時代に生きている。

　この現実に危機感をもっている人は多いはず。本書がヒカルランドから出たってことは、著者の意図も、出版社の意図も、そこの意識につながっていないはずがない。行動を恐れる心理、決断を恐れる心理は、国をも個人をも自滅させる。政治的な危機感をもって考えている人が増えてきているとは思う。けど、この問題を言語や日本語と結びつけて意識している人はいないんじゃないだろうか。

　じゃあ、どうするんだって問題になるけど、日本人にとっては、だからこそ究極の切り札は英語しかないと思っている。しかも「読む英語」じゃなくて、絶対に、「話す英語」。これを日本民族が自分のものにできるかどうかに、日本民族の命運がかかっている。ボクはそう確信している。

　なぜ「話す英語」かというと、「話す英語」は感情表出を加速する（accelerate）からなんだ。英語を話すときは、感情と一体で話さなきゃいけないことはもう理解しているよね。英語で感情表出を刺激しながら動詞を決然と決めて話していると、思考と行動が一体化するようになるんだ。つまり、アクションを保留せず、アクションを恐れない気分が醸成される。判断を恐れず、行動を恐れず、判断も行動も遅延させない生き方が危機を突破する力になる。そもそも、変化に即応できない生命体は自然界では生き残れないことになっている。まさに、生命はそこで淘汰されてきた。これは、日本国憲法の条文よりはるかに厳格な「命の鉄則」。35億年にわたる地上の生命史をつらぬく根本原理。日本人はみなここを忘れているような気がしてならない。

　話すとき、主語と動詞を一体で、最初にそれを発声してしまう訓練をするだけで自分の思考パターンが変わってくる。黙っていても能動的な感覚になる。それは生への確固たる意志になる。無用な恐れは消え、自信がわいてきて、果敢になる。失敗を恐れるより、成功を期する主観が強くなる。そうなれば、他人に責任を転嫁しようなんて無益な発想はわいてこなくなる。そんなことを考

えるよりも、失敗した瞬間には、もう次の試みに取りかかるようになる。結局、民族間の生存競争も、個人間の生存競争も、こういう生存本能の競争が本質のはずなんだ。

　ダマシオ教授が言っていたことを思い出してほしい。感情は人間の生存本能を支配しているホメオスタティックなイメージだって、彼はそう言っていたよね。「話す英語」はそういう根源的な生の感情を喚起してくれるんだ。「英語＝感情表出言語」だから。日本人は、英語を話して、言葉に感情をのせる話し方をしているうちに生の意志を強化することになる。他民族に負けない意志をもつようになる。世界中はまだまだ戦国時代、室町時代と同程度の未開な世界と認識しておく必要がある。今の日本を取り巻く世界情勢や極東情勢は、まさにそうなっている。

　普通は、行動パターンを変えるなんてそう簡単にできるわけがない。しかし、英語を話す現実を重ねることで、それが可能になる。話すという行為が、有無を言わせず人間の思考を変えてしまうからだよ。これはまぎれもない事実で、ボクはまさにそれを体験した。そして自分のキャラクターも、行動の仕方もガラッと変わった。みんな、フィリピンと出あって英語を話すようになってからのハナシ。英語モードで話すということは、話した瞬間に、言葉と行動が一つになることを意味する。その現実を反復するうちに、英語モードが自分のものになり、果敢な行動で自分を律することができるようになってゆく。これほど確実な自己変革なんてあるはずがない。

　日本がこれから、どんな過酷な現実におちいってゆくか、ボクにはわからない。しかし、国や政治がすでに信頼に値しないものになっている以上、自分で自分を守るしかない。言葉なんて迂遠な選択に思えるかもしれないけど、実は、これに勝る不退転の選択はない。

INDIVIDUAL
ASCENDING
METHOD

八百万の神々は、
連れて歩けない！

第 3 章

Point

連れて歩けるのは、唯一神
（ゆいいっしん）

IA 英語メソッド、心理モード理論の後半です。

　英語と日本語を真逆にした原因の一半（いっぱん）は、西洋人と日本人の間の生存原理の違いだった。実は、2つの言語を真逆にした原因はもう一つあるんだ。それをこれから説明したい。でも、必要以上に難しくは説明したくないから、最初の切り口はまたマリコさんとボニー教授にまかせちゃう。彼らの軽妙な語り口なら、問題の本質をズバッと説明してくれるから、みんなも「なるほど！」と楽しみながら合点できると思うんだ。さあ〜、今回はいきなりいく！

マリコ	ねぇ〜、まだあんでしょ？　びっくりするオモシロイ話！　英語と日本語の違いを浮かび上がらせる衝撃的な**ハ・ナ・シ**！
ボニー教授	あるよ。聞きたいか？
マリコ	聞きたいです〜！　なんか、英語が身近になっちゃうのよね！　アナタの説明！
ボニー教授	オレ、愛に満ちてるからな！
マリコ	キモチ悪いけど、ど〜ゆ〜意味？
ボニー教授	英語を勉強じゃなくってさ、自分の人生の武器にしてほしいワケよ。英語を武器にして生きてゆける日本人、若者、増えてほしいワケ！
マリコ	アナタ、まともジャン！　愛とかって〜の、そ〜ゆ〜こと？
ボニー教授	そう！　日本の2千年の歴史を引きついでくれるのは、若

者でしょ？　その若者に、強くなってほしいワケ！

マリコ　今日は泣かせるってワケ？

ボニー教授　じゃナイけど、文句なしに若者が好きなの、ボク！　楽し〜から。バカ言い合って遊んでると、楽しいぜ〜。若者って軽いだろ？　オレも、軽いからサ。

マリコ　アナタ、確かに軽いワ！

ボニー教授　西洋人も軽いんダ！　移動民族だからナ、彼らは！

マリコ　えッ！　アナタ今、真情、吐露してるって思ってたら、その真情を講義のイントロに使っちゃうわけ？

ボニー教授　オレ講義に命、かけてっから。無意識に講義のハナシに利用しちゃうワケ。

マリコ　アナタの真心、どこにあるんだかわかんないワ！

ボニー教授　スンマセン！

マリコ　そんで？　今日のハナシはなんなの？　軽い話でしょ？

ボニー教授　軽いよ！　軽いから英語は生まれたってハナシさ。さて、人間は食べて寝るだけの生き物でしょうか？　つまり、**生存原理**だけで生きてる生き物でしょうか？　どう思う？

マリコ　もちろん違うわよ！　ワタシだってそんなバカじゃないもん！

ボニー教授　じゃあ、どんな生き物だ？　生存原理のほかに、どんな原理で生きてる？

マリコ　なるほどね！　そ〜ゆ〜ふうに人間を理解するワケか！　その原理は生存の真逆になるわけだから〜、ええと、それは米や肉の反対の原理でしょ、ええっ、わかんない。

ボニー教授　マリコさん、感性いいけど、あきらめはやすぎる。もう少し粘着質の思考態度もたなきゃダメ！　西洋人に勝てないよ！

マリコ　そんなこと言われたって、ワタシ、かわいい女の子でいる

	だけで十分だもん！　ワタシ、青春、謳歌してるのよ、毎日！
ボニー教授	それはそれでい〜です。ご立派です。さあ答えを考えて！
マリコ	それはつまり、心の問題でしょ！　食べ物、つまり物質の真逆なんだから、心の原理ってことじゃない？
ボニー教授	当たり〜！　You got it!　つまり**精神原理**です。マリコッ、キミ、類推的直観力までついてきたぞ、最近！
マリコ	まあネ。ワタシ地頭いいから。磨けば光るかも？
ボニー教授	そう願うぞ！　ところで**日本人の精神原理**と**西洋人の精神原理**、どう違う？　まず、西洋人の精神原理を簡単に言ってみて。
マリコ	う〜ん、そこからだよね、問題は。精神だから神様とかに関係してない？
ボニー教授	That's right!　正解！　では、西洋人の神様はどんな神様ですか？
マリコ	西洋の神様は一人よ！　アッ、**一神 教**ってこと？
ボニー教授	図星です。キミ、ほんとに最近、直観するどくなった！
マリコ	アナタにほめられてもうれしくない！　無視！　でも〜、確かに西洋の神様は一人。**唯一神**っていうんでしょ？
ボニー教授	そう！　それ。なぜですか？
マリコ	えッ？　なぜって、神様が一人なのは、あたりまえじゃない？
ボニー教授	じゃあ、日本の神様は？　何人いる？
マリコ	あらまァ〜！　日本は「**八百万の神々**」だから、日本には、**八百万の神様**がいたわ！
ボニー教授	だろう？　てことは、なんで西洋の神様は唯一なの？
マリコ	ああ、そう来るわよね？　でも〜、アナタ、今日の講義、ちょっと前フリ長いわよ！　はやく、理由を言いなさい！

ボニー教授　ハイ！　西洋人は、軽いからさ！　移動民族は身軽じゃな
　　　　　　きゃ移動できないでしょ。

　　マリコ　あぁ、ここでアナタが最初に言ってた、「軽い〜」につな
　　　　　　がるんだ！　でも、自分で用意してるオチなんだからはや
　　　　　　く結論言って！

ボニー教授　ハイ！　西洋人は太古から移動民族だったわけ。今のウク
　　　　　　ライナのあたりが移動民族の発祥の地なんだぜ。あのあた
　　　　　　りでヨーロッパ人の原型ができたんだ。知ってたか？　そ
　　　　　　んで彼らはどんどん西に向かって進んだり、南や東にも移
　　　　　　動していったんだ。

　　マリコ　そう〜なんだ！

ボニー教授　彼らが移動するとサ、まわりの風景はどうなる？　同じか
　　　　　　な？　それとも変わるかな？

　　マリコ　変わるに決まってる。移動につれて風景は、どんどん変わ
　　　　　　るわよ！

ボニー教授　だよな！　風の強い場所に風の神がいたとして、人間が風
　　　　　　の弱い場所へ移動したら、どうなる？

　　マリコ　風の神様はいらなくなる。

ボニー教授　だろ？　山岳地帯に厳しい山の神がいたとして、人間が平
　　　　　　地に移動したらどうなる？

　　マリコ　やっぱ、山の神もいらなくなる。アナタの言いたいこと、
　　　　　　わかってきた！

ボニー教授　結論を急ぐぞ！　西洋人が広大なユーラシア大陸を移動し
　　　　　　てたとき、七福神みたいな神様たちをみんなゾロゾロ引き
　　　　　　連れて、一緒に移動できたでしょうか？　おがむ必要もな
　　　　　　くなった神様まで連れて、どこまでも歩けたでしょうか？

　　マリコ　そういうことダ！　またしてもぶっ飛んでるワ、アナタ！
　　　　　　そういう突拍子もない考えの源泉はなんなの？　アナタ

いったい、何者？

ボニー教授 まあ、それはいいです。ほっといてください。そんなことより、移動しながら生きていた西洋人にとって神様は、複数のほうがいいですか？　それとも、一人のほうがいいですか？

マリコ それが一神教の根っこの部分にあるってワケね！

ボニー教授 そうです。それが西洋人の神様を決めるイメージの原点にあった現実なんです。

マリコ すごいナァ。でも宗教をそんなふうになめちゃっていいの？　バチ当たるわよ！

ボニー教授 人間の宗教なんてそんなもんです。人間は自己を客観視する視点を失ったら、オワリです！

マリコ まあ、い～けど。でも、その宗教学、英語の話に結びつくの？

ボニー教授 いい質問デス。問題はそこなんだから。マリコ、キミ、神様に何かお願いしたことあるか？

マリコ あるわよ！　ワタシ小ちゃいとき、メノナイト系（キリス

ト教の教派）の幼稚園に通ってたんだから。牧師さんが、
「さぁ、欲しいものを、神様にお願いしましょうネ」って
一緒にお祈りしたもん。

ボニー教授　いいねェ、その体験！　そのお祈りのとき、どんなふうだ
った？

マリコ　なんか、神様とワタシだけになっちゃって、まわりの世界
は、ぜ〜んぶ消えた。目つぶってる間、ワタシと神様だけ
でお話ししてた。

ボニー教授　ほとんどその世界、英語の世界です。

マリコ　えッ、わかんないヨ。ど〜ゆ〜こと？

ボニー教授　一人の神様って、全能の神だろ？　競争相手いないんだ
ろ？　そんな強い神様にいつも向き合っていて、しかも、
まわりに誰もいなくなるお祈りなんか続けていると、キミ
自身はどうなる？

マリコ　あぁ〜、なんかなぁ〜、アナタの言いたいこと、見えてき
そう。それ西洋人と日本人の性格を比較をすればわかりや
すいのと違う？

ボニー教授　いいカンしてるネ！

マリコ　西洋人はすっごく自信に満ちていて、自分本位で、妥協も
しないし、我を通すわよ、どんなときでも。それって、
神様みたいになっちゃったってワケ？　西洋人が絶対の神
様をおがんでいるうちに、神様に似てきちゃったってこ
と？

ボニー教授　そうです。彼らは自分中心に物事を考えます。そして自分
中心に行動します。なぜなら自分中心に世界を見ているか
らです。そういう発想の原点には一神教の絶対神が彼らの
中にいて、彼らの性格に影響を与えているからなんです。

マリコ　な〜るほど！

ボニー教授　その発想が言葉の世界にも投影されるんだよ。わかるかな？

マリコ　ここからが今日の講義の、キモよね。

ボニー教授　言葉の上で絶対神が反映されやすい部分はどこでしょう？

マリコ　神は、世界や宇宙の秩序をつくった人だから、言葉の秩序をなしている部分はどこかって、そう考えればいいワケね？

ボニー教授　すごいなァ〜、ほんと地頭いいよ、マリコ！

マリコ　ありがと。でもなんだろう？　何が言葉の秩序の根幹なの？

ボニー教授　日本語と英語、比較してみろ！

マリコ　I got it! は、日本語では「わかった」。あれ？　「ワタシは、わかった」なんて言う人、いない。I am hungry. も、日本語なら「お腹すいた」。「ワタシは、お腹すいた」なんて言わない。あ〜、そうか！　**主語だ！　英語は、かならず主語から始まる！**　でも、**日本語は主語はいらない。**主語はなくてもわかる。

ボニー教授　You got it! Summarize your idea!

マリコ　つまり、英語の主語って文の秩序みたいなものなのね。神がいないと世界はなかったように、英語の文は主語がないと始まらない。主語が神みたいな役目をしている、そういうこと？

ボニー教授　いいまとめ方ダ！　神は西洋人にとって世界を理解する絶対的視点。英語にとって主語は思考をまとめ、認識を束ねる絶対的な視点なんだ。

マリコ　その主語に、I think 〜〜とか、I will be 〜〜とか、自分を主語に立てた言い方をしていると、話してる自分自身も神みたいに規範の根底になって、自意識過剰の自分本位の

性格になってゆくわけね？

ボニー教授　キミは、なんて頭がいいんだ！　お世辞じゃないぞ！

マリコ　でも……、好き、とは言わないぞ！

ボニー教授　わかってる！　オレは、教師だ！

Point 心理モード講義 3.

　人間の言葉を生んだ原理は２つあると考えているんだ。一つは前章で論及した肉と米にまつわる生存原理。人間も栄養源を体内に取り入れて生きている生命体の一つだから、食べるという行為から人間を見つめ、食べるという行為に結びつけて西洋と日本の文化の違いを考えてみることは、当然の思考手順となる。食べるという行為はかならず食物を獲得する行為に直結していたはずだから、［日／英］の言葉の逆転現象は、食物獲得方法の逆転の現実に必ずつながっていたはずだと当たりをつけて考えてみた。そうしたら図星だった。つまり、日本語と英語の真逆の関係を生んでいた原理は間違いなく、人間の「生存原理」にちゃんとつながっていた。自分の直観が当たっていただけでなく、その直観は脳神経解剖学や脳神経生理学の最先端の研究成果にもピタリと一致していた。ダマシオ教授、ありがとう！　心からそう感じた。

　ところで、人間は物を食って生きているだけの存在だろうか？　そんなバカなことはない。人間は心をもち、意識をもち、思考する存在だ。パスカルは「人間は考える葦である」と言ったし、デカルトも「我思う、ゆえに我あり」なんて言った。つまり人間は精神的存在でもある。人間を精神的な存在だと考えるかぎり、人間や人間の文化の根底には精神原理もあるはずだ。その精神原理は生存原理と一緒になって人間を生かしているに違いない。だから今度は、精神原理の側面から言葉の問題を考えてみたいんだ。

　さて、精神原理とはいったいなんだろう。人間にとっての精神原理とはなんだと思う？　考えてみたことはあるだろうか？　ボクは、それは世界観だと考えた。人間は、自然や世界や宇宙の中に自分をどう位置づけているかを意識しないで生きていられるほど、能天気ではないはずだ。そしてその世界観とは、

簡単にいえば宗教観だと思う。宗教感情と無縁で生きていた古代の人間がいたとは思えない。昔になればなるほど人間は自然の中では無力な存在だったはずだから、自分を支配する力を神という観念に結晶させたはずなんだ。それは人間の普遍的な発想で普遍的な生への対処法だったはずだ。

　ボクは、西洋の宗教を勝手に一神教と決めつけてしまったけど、ここに反発をおぼえる人もいると思うので、まずここをクリアーしておきたい。西洋の古い時代には多神教がたくさんあったことは事実。しかし、ユダヤ教とキリスト教が西洋に生まれてからは、西洋人はどんどん一神教を信じるようになり、欧州全域が一神教の世界になってしまったことはいうまでもない。多神教の伝統は抑圧されて西洋人の意識下に押し込められ、一年に一度だけ、ハロウィンのお祭りの日に昔の神々はお化けや魔女として出てきてもいいよと許されて、その観念が戯画化されてしまった。ハロウィンでお化けになって出てくるのは、太古の神々の残像、母神崇拝や母系社会の残像。魔女はもともとは母神。魔女がほうきに乗ってるのは太古の人々の多産行為へのあこがれや崇拝の感情が、自己否定されながらも西洋人の意識下で消えていないことのシンボリックな証拠といえる。だから、ハロウィンのお祭りは、父系宗教であるキリスト教によって強引に抑圧された西洋人の潜在意識の中のフラストレーションを吐き出させて、精神のバランスを保たせるカタルシス（精神的な浄化や感情の解放）の役割を果たしているんだ。知らなかったでしょ？　（東京・渋谷のハロウィンに、外国の若者がたくさん集まってくる理由がわかったでしょ？　でも、多神教を信じる日本の若者も一緒になって路上で大暴れする理由は、本当はどこにもないんだよ。まあ、ファッションだね、あれは）

　だから、ここでは、西洋人の意識の古層にひそむ多神教の観念は無視するしかない。西洋人の一神教の観念をキリスト教に代表させて考えてみるのが常道でしょう。だって、キリスト教だけでもすでに２千年もたっているんだし、その前の牧畜遊牧の宗教観念とのつながりを考えたら４千年、５千年になっちゃうんだ。だから、西洋の宗教観を一神教で代弁させてもなんら問題ない。

　そしてもう一点、西洋人のふるさとをユーラシア大陸と見立てるのは間違いではないはず。印欧語（Indo-European Languages：インドからヨーロッパにかけた地域に由来する言語）という言葉があるけど、その印欧語のルーツを探す研究があって、厳密な場所を特定する研究は今も続いている。今世界の話題になってるウクライナあたりはまさにその可能性の一つで、あそこにはクルガン文化と呼ばれた古く重要な文化があった。あそこから人間が野生馬に乗る方法がひろまって（厳密にはもっと東のカザフスタンあたり）、人間の行動範囲が一挙に拡大したとされている。人間が野生馬の「背」に乗った事実は人類史を変えたんだけど、西洋人の意識からはその認識が消えず、今でも英語では乗馬を Horseback riding という。「くつわ／ハミ」（馬の口につけ、手綱につなげて馬を御する金具）を発明して裸馬を乗りこなした西洋人は、ユーラシア大陸全域を移動する手段を獲得したんだ。昔のグルジア、今のジョージアの民族舞踊であるジョージア・ダンスは、まさに野生の馬が草原を疾走している躍動感が表現されていて実におもしろい！

　印欧語の源流は、アナトリア、いまのトルコだという説もある。どっちかボクにはわからないが、いずれにしても、われわれ日本列島に住む人間から見たら、どっちでもいいって感じ。彼らは大陸を西へ東へ南へと移動したんだ。今のヨーロッパ人が東方の遊牧民フン族に追われて、カスピ海あたりから東ゴート族と西ゴート族に分裂して、ドミノ倒しみたいにどんどん西へ向かい、バルカン半島、イタリア半島、今の東ヨーロッパ、ドイツ、フランス、スペインの地へと襲撃、侵略をくりかえしながら移動を続けていった事実は否定しようのない過去の歴史。しかも彼らの生存方法は牧畜の技術に支えられていたから、牛や羊という移動可能な食糧源と一緒に動くことができた。食糧がなくなったら羊を殺してその肉を食う。寒けりゃその皮をはいで衣類をつくる。減った羊もちゃんとまた新しく子羊で生まれてくる。移動や戦闘の主力は馬がになってくれている。そうした生存形態が広域化した姿を遊牧と呼んだ。

　だから、アジアの周辺域もふくめて、西洋の文化を移動の文化と理解することは、まったく正しい。この西洋文化の根底的なあり方を宗教の理解と結びつ

ける場合には、すでにボニー教授とマリコさんの会話で述べられていたような現実で、もちろんあれは寸劇だけど、本質的には核心をついていたはずなんだ。宗教を難しく考えたらキリがない。それは逆。可能なかぎり宗教をシンプルに理解する視点が必要だと思う。とすれば、しょせんは、宗教はその民族が置かれていた生存環境での擬人的世界表象でしかないはず。神が人間であるはずないんだから（ここは西洋人の課題。われわれ日本人には関係ない）、神は人間の観念でしかない。ここは醒めなきゃダメ。妥協の余地なし。ということで、「連れて歩けるのは、唯一神」と題して西洋文化の精神原理を代弁させたマンガ仕立てのスキットの正当性は担保されたはず。

　さあ次の課題は、そうした過去や宗教観念をおびた西洋人の精神原理が、英語という西洋言語にどのように反映したのかを理解することだ。このような太古の話を、英語史上の事実に結びつけるにはかなり詳細な論証が要求されるのはわかっている。でもそれを、ここで逐一（ちくいち）やるわけにはいかない。やれるのはザックリやるだけ。補足的な論証は、シリーズ全体のコラムの中でやってゆくつもりなので、ここでは了解してほしい。さあ、とは言いつつも、西洋人の一神教の観念を、主語というテーマに結びつけなければいけない。さあ、どうするってことになる。

　ボクは、文における主語というのは、その文のメッセージを束ねる視点だと思ってる。同じことを述べるんでも、能動態の文で述べるのと、受動態の文で述べるのとでは主語が逆転する。「太郎はケーキを食べた」という能動態の文と、「ケーキは太郎に食べられた」という文では、主語が違っている。能動態では事実が太郎の視点から述べられているけど、受動態では食べられたケーキが視点になっている。だから、文の主語は事実を認識する視点なんだ。

　英語では、この視点へのこだわりが非常に強い。英語では主語のない文はない。主語のない文は命令文だけ。それ以外で主語がないのはただのつぶやき（twitter）だから、無視していい。言語は人間の認識の音声レベルでの思考表明だよね。その認識はなんらかの視点からまとめられたものでなければならな

い。その認識や思考をまとめる「役目＝視点＝視座」を主語という機能がになっているはずだ。この主語へのこだわりは、認識における秩序へのこだわりではないかと思う。一神教では唯一神の存在で一切を理解する。一人の神が宇宙のいっさいをつくったと考える。その唯一神は、最初は天と地を分け、次には光を生み出して昼と夜を分け、次に空と水を分け……、と順番に世界の秩序をつくりだしていった。この秩序の観念が言語の観念に反映していないはずがない。仮に反映していたと考えて、言葉の中の何がその秩序の観念をになったのかと考えたら、主語という観念以外にはありえない気がする。

　英語は、フランス語がブリテン島に流れ込んで、文法の混乱が放置された歴史があるけれど、文法を復活させた時点でも、主語に文構造の主眼の原理を代弁させた事実は消えないわけだから、ボクの考えが間違っているとは思えない（このへんの事情は「英語と哲学のニューウェーブ」のシリーズ、および第２巻を楽しみにしてね）。

　非常に大胆で、ザックリしているかもしれないけれど、ボクは、一神教の精神原理が英語に反映した部分が主語だと考えている。そして英語は、他の印欧語にくらべて文法の構築が遅かったけど、その分、非常に意識的に西洋人の「世界観＝精神原理」が文法に投影されたのではないかと考えている。だからこそ、英語は今世界の共通語になって、世界中の人々が共有する思考ツールになっている。すべての物事を時系列上の直接的な因果関係（つまり英語史）だけで証明してゆこうとすると、いろいろな困難が出てくる。だから、それだけが英語の証明方法ではないと思う。

　ダマシオ教授は著作『進化の意外な順序』の中でこう言っている。「主観性とはプロセスであって実体ではない。そしてこのプロセスは、心的なイメージに対する視点の構築と、イメージにともなう感情という二つの重要な構成要素に依存する」[1]とね。主観性とはイメージや感情が自分のものであり、それを自分が所有しているのだと感じる感覚であり、自分を世界に参入させる自己感（mineness）だ。これが言葉における文として表現されるときには、I feel 〜

などという場合の第一人称の主語の自覚に重なる。仮に文の主語が2人称であっても、3人称であっても、主語はメッセージに託されている認識の視点となり視座となる。

　ダマシオ教授は「主観性とは、有無を言わさず構築されるナラティブなのだ。そしてナラティブは、ある種の脳の機能を備えた生物が、周囲の世界、記憶に蓄えられた過去の世界、自己の内界と相互作用することで生じる」(2)とも言っている。ナラティブとは簡単にいえば説明の意識。自分の心に浮かぶイメージや感情を自分の視点から見たときに避けがたく成立する客観視の自覚だよ。その客観視の自覚が外界の理解に色彩を与え、自分との関係に価値を与える。その視座や意識を、文では主語がになっていると考えるべきなんだ。英語を理解するとき、英語も言語の一つだから、せまい英語史の知識だけじゃ解釈は収まらない。こういう理解も絶対に必要になる。でもこういう理解は過去にはされなかった。今始まったばかりなんだ。先ほど紹介したダマシオ教授の本が英語で出版されたのが2018年だから、今述べている言葉に関する理解や解釈は本当に昨日今日にわかったことさ。

　「主観性が失われ、心に浮かぶイメージが、その正当な所有者／主体によって自動的に自分のものとして求められなくなると、意識は正常に働かなくなる（中略）意識は消え、その瞬間の意味も消え去るだろう。自己の存在に対する感覚が途絶えてしまう」(3)とも言っている。意識が音声としてアウトプットされたものが言葉だから、その意識の中のナラティブの主体、つまり思考のすべてを所有している自己の感覚がなくなったら言葉は生命を失い、その人間の生命力も失われると言っている。

　I think 〜という思考が流れ始めるときの思考内容がどんなものであれ、それを束ねている「ぼくが思うことだよ」という「所有の意識＝視座」が希薄になったとき、つまりは主語の意識が希薄になったとき、言葉はその役目を喪失するのさ。つまり言葉にとって、主語は決定的な役割をになっている。そういう主語を必ず文頭に置く英語という言語は、まさに果敢にイノシシを追いかけ、

延々と生存を担保するために移動をくりかえしてきた西洋人の感覚を強烈に代弁している言語だと理解できるんだよ。今述べたことはすべて、日本語と対比したときにもっと明瞭に浮かび上がる。

だから、今度は主語の問題を日本語で見てみよう！

❖引用個所
(1) 『進化の意外な順序』 アントニオ・ダマシオ著・高橋洋訳　白揚社　p. 187
(2) 同書　p. 197〜198
(3) 同書　p. 186

Point **八百万の神々は、相対神**
（そうたいしん）

ボニー教授 さあ、この話で心理モード理論は完了する。心して聞け！

マリコ えぇ〜、さびしい！ 今日が最後だなんて！

ボニー教授 心配するな、心理モード講義の4回シリーズが一段落する
だけだ！ オレの講義はまだまだ続く！ キミの登場場面
もきっとまだある。IA メソッドは永遠に不滅だ。

マリコ よかった！ アナタの講義、お笑い芸人の話よりオモシロ
イもの！ そんでもってアタマよくなって、英語もしゃべ
れるようになっちゃうワケでしょ？ はっきりいって一石
三鳥じゃん！

ボニー教授 ありがと、わかってくれて！ 今日のハナシもまた、とび
っきりだゾ！

マリコ この前は、英語は一神教の言語で、それが主語にあらわれ
てるってハナシだったわよね。そもそも言葉は人間の**生存
原理**と**精神原理**が結晶しているもの。そんで、その精神原
理が英語の場合は、西洋は一神教が人の心を支配してるか
ら、文の要の主語に投影されたって主張だったわヨネ？

ボニー教授 正確な理解だ！ 完全に咀嚼されてる！
（そしゃく）

マリコ てことは、今回は**日本語の精神原理**についてのハナシにな
るわけでしょ？

ボニー教授 そのとおりだ！

マリコ 日本の宗教は「**八百万の神々**」とか、「**七福神**」みたいな
神様たちで、一人の神様じゃない。もっとたくさんいる。

つまり**多神教**ってことになるわよね？

ボニー教授　そのとおりだ！　キミ、的確なキーワード出してくるように なったな！

マリコ　いいから、で～、その先どうなるワケ？

ボニー教授　だよな！　マリコ、今日は日本の精神源流にまで立ち戻る ことになる。時代的にいったら、海彦、山彦みたいな時代 だな！

マリコ　ワタシ、またマリ男になるわけ？

ボニー教授　いやいや、話を聞くだけでいい。心を弥生時代のもっと先 まで飛ばしてみろ！　そんな時代の日本人を想像してみる んだ！

マリコ　なるほど！　わくわくするわ、はやく始めて！

ボニー教授　よし、では、海の民と山の民がいたとする。最初は海の民 から行こう！　これは、日本のハナシだ、いいか！

マリコ　ハイ！

ボニー教授　海の民が海へ、これから漁に出かけるとする。当然、大漁 を祈願することになる。だろ？

マリコ　もちろん、そうよね！

ボニー教授　そのとき、海の民が山の神に向かって、「山の神様、今日 も、たくさん魚が捕れますように！」ってお願いしたら、 どうなる？

マリコ　バカじゃない？　その海の民。

ボニー教授　そうだ、バカだ。山の神はかならずこう言う。「オイ、オ イ、おがむ相手が違うだろ？　オレは山の神だぞ。オレの 力は山でしか働かないんだゾ！」と、こう言うはずだ。

マリコ　間違いない！　「ちゃんと、海の神に向かっておがめ！」っ て言うに決まってる！　おもしろい！　そのまま続けて！

ボニー教授　じゃあ、今度は逆だ。山の民がこれから山へ狩りに入ると

する。その日はどうしてもシカを一頭しとめたいとする。その山の民が海の神に向かって、「海の神様、今日も、シカを一頭、獲らせてください！　お願いします！」っておがんだら、どうなる？

マリコ　答えはまかせて！　海の神は、絶対こう言うわ！　「ちょっと、アンタ、なんか勘違いしてないか？　アタシは海の神様、西洋の神様でいうところのネプチューンよ！　アタシの力は、海でしか発揮されないのよ！」ってね。

ボニー教授　おもしろ～い。キミもオレのユーモア精神がわかってきたようだな！　そのとおりだ。おがむ相手が違うよな！

マリコ　そうよ、逆だわよ。海の民も、山の民も。彼らバカじゃネ？♪

ボニー教授　いや、いや、彼らをバカにするためにこんなハナシをつくったんじゃナイ。意図は、違うところにあるんだ。

マリコ　そうあってほしいと、願っていたわ。先祖たちを悪く言いたくないもん、ワタシ。

ボニー教授 だよな。オレも同じだ。問題はダ、海の神と山の神の関係だ。神様が２人出てきたわけだ、この話には。だろ？　てことは、この神様たちは全能の神か？

マリコ はぁ〜、そうくるか！　なるほどネ！　とりあえず、海の神と山の神と２人の神様だから、テリトリー分け合ってるわけだから、彼らの力は半分半分ってことになる。でしょう？

ボニー教授 そうだ。海の神も山の神も、絶対神ではない。山の神の力が発揮されるのは山だけ。海の神の力が発揮されるのは海だけだ。

マリコ 日本の神って、そういう神様たちだったワケね。気づかなかった、今まで。

ボニー教授 西洋の神は一神教の神だから一人。ほかに神様はいない。競争相手もいない。だからもってる力も絶対的。つまり絶体神。

マリコ 日本ではその逆になるわけね。ちょっと待って！　この話、今は海の神と山の神と２人の神様オンリーだけど、実際は、

　　　　　　　「八百万の神々」よ！　どうなっちゃうわけ？

ボニー教授　それぞれの神様の力は、800万分の1になる！

　　マリコ　やば〜！　すっごく弱いじゃん。日本の神様たちは、ほと
　　　　　　んど無力じゃない！

ボニー教授　理屈はそうなる。実際に宮中では、お正月には「四方拝」
　　　　　　っていってな、天皇が「天地四方」の4人の神様をおがむ
　　　　　　儀式がある。これは平安時代から連綿と続いている儀式だ。
　　　　　　この場合には、神様が力を四等分していることになる。

　　マリコ　なるほどね。デタラメな話じゃないんだ。

ボニー教授　オレはデタラメなど一回も言ったことナイ。みんな裏づけ
　　　　　　のあることを、わかりやすく話してるだけだ。

　　マリコ　う〜ん、反論できない！　くやしいけど、納得だわ。

ボニー教授　西洋の神を絶対神と呼ぶなら、日本の神々は、なんと呼ん
　　　　　　だらいいでしょう？

　　マリコ　えッ？　絶対神の反対？　わかんないわよ。そんな呼び名。

ボニー教授　相対神だ。海の神は、山の神に対して相対的な力しかもっ
　　　　　　ていない。山の神も同じ。海の神と山の神はそれぞれ50
　　　　　　パーセントの力しかもっていないことになる。そういう神
　　　　　　の観念を相対神と呼ぶ。

　　マリコ　なるほどね。待って、アナタここでもうひとひねり入れる
　　　　　　んじゃない？　なんか、そんなヤバイ予感がする。どうい
　　　　　　うふうに私にもう一回謎かけしてくるワケ？

ボニー教授　するどいなあ〜！　そのとおりだ！

　　マリコ　そこが今日の講義のキモね、きっと！

ボニー教授　そうだ！　海の神だろうが山の神だろうが、七福神だろう
　　　　　　が、そういう相対神をおがんでいる日本人の心の中は、ど
　　　　　　うなる？

　　マリコ　確かにね〜。そういう類推になるわ〜。う〜ん、半分わか

ってる感じ。アナタ、自分でちゃんと説明して！

ボニー教授　ここから先は、日本人の自我の問題、自我意識の問題にな
　　　　　　るんだ。

マリコ　やっぱ、そうくるんだ！

ボニー教授　日本人は、絶対的な力をもっていない相対神に向かって毎
　　　　　　日、おがんでいるわけだから、日本人の自我も**相対的な自**
　　　　　　我になる。わかるかな？

マリコ　傲慢じゃないって、こと？

ボニー教授　そう、神様だって絶対じゃないんだから、それをおがんで
　　　　　　る人間だって、「自分は絶対だ！」なんてそんな気持ちに
　　　　　　は、絶対になれない。だろう？

マリコ　That's right!

ボニー教授　そういう自我のことを**相対的自我**っていうんだ。自分のこ
　　　　　　とを考えるより、相手のことを考える。自分の利益を考え
　　　　　　るときは相手の利益も考える。お互いに立ちゆくように、
　　　　　　考える。自分だけよければいいなんて、日本民族は考えな
　　　　　　い。

マリコ　当たってる！　それ、ワタシの学生時代みたい。

ボニー教授　話してみろ、キミのエピソード！

マリコ　中学時代、休憩時間、「ねェ、トイレ行こう！」って仲間
　　　　　　に誘われて、ワタシ全然トイレなんか行きたくなかったの
　　　　　　に、女の子同士はいつもつるむでしょ。「行かない！」な
　　　　　　んて言えないわけ。みんな悲しむから。親友を悲しませる
　　　　　　わけにいかないの。だから～、行きたくない学校のトイレ
　　　　　　にいつもみんなと一緒に行ってた！

ボニー教授　それだ。自分が何か行動を起こすとき、自分の意志だけで
　　　　　　行動を起こすんじゃなくて、相手の気持ちやまわりへの影
　　　　　　響を考えたうえで、それを優先して自分の行動を決めるの

さ。

マリコ　ワタシ、完全に相対的自我を生きていたことになるわけネ？

ボニー教授　そういうことになる。

マリコ　ふぅ〜ん、言葉もないわ！　ワタシ、相対的力しかもたない海の神や山の神とおんなじだったんだ。

ボニー教授　すばらしい連想だな。人間てのは、自分が心の中にもっている神観念と同じ性格になるのさ。

マリコ　さあ、次は言語論！　ここまでのハナシを日本語の主語に結びつけるんでしょ？

ボニー教授　そうだ。キミ、高校時代の古文の時間、おぼえてるか？　どんなこと、習った？

マリコ　古文？　清少納言とか紫式部とか、そんな世界でしょ？　なつかしいけど〜。

ボニー教授　問題は主語だ。日本語の古文で主語はどうだった？　主語はいつもきちんと出てきたか、文章の中に？

マリコ　なるほど、アナタの言いたいこと見えた！　昔の日本人は、相対的自我の世界に住んでいたから、「ワタシは〜」、「ワタシは〜」なんて、いちいち主語を文字にしなかった。ということでしょう？　もう、先読みできるよ、アナタの思考。

ボニー教授　そう！　相対的自我をもってる日本人は、自分の意識を周囲の人間関係に拡散して生きている。だから「私は〜」、「私は〜」なんて、自分にこだわった思考をしないんだ。それが主語の自覚を弱めるんだ。

マリコ　確かに、古文には主語のない文がガンガン出てきたわ。古文の先生も、「この動作の主語は誰ですか？」なんていつも質問してた。そうゆうことだったのか！

ボニー教授 現代だって同じだ！ 「誰もこの問題を考えない。だからこそ、今、考えるべきだ！」とは言うけど、「〜と私は思う」とは言わない。かならずメッセージの主体をあいまいにする。

マリコ ほんとだ！ ヤバイわそれ！ それにサァ〜、しょっちゅう省略される主語は、仮に出てきても一番最後に出てくるわよね！

ボニー教授 英語なら、必ず、I think 〜〜と、思考は主語から始まる。真逆だろう？

マリコ ホント、ねぇ〜！ 日本語は、「〜〜と私は思う」だもんね。精神原理まで日本語と英語では真逆のあらわれ方をするんだ〜！ まいったな〜！ やっぱ英語国民て強いわ！ 最初に、I think 〜〜、とか I don't think 〜〜とか、ちゃんと言うんだから。

ボニー教授 そうなんだ。ボクが「話す英語」の教育にこだわるのは、英語を話すことで日本人の相対的になっている自我を強くできるからなんだ。「読む英語」では絶対に強くできない。

マリコ いいじゃん、そのしめくくり方。共鳴できる！ ふざけてないし……。

ボニー教授 うん。

Point **心理モード講義 4.**

さあ、心理モード講義の最終段階です。いえ、クライマックスです。

主語の意識が弱いと〜

ボクは、日本人は今のままじゃ絶対に「危ない」と思っている。日本人は判断が遅いし、アクションを起こすまでも時間をかけすぎだ。はっきりいっちゃえば、決断やアクションに恐れを抱いている。それは生存原理で考察済みだけど、単にそれだけの問題じゃなくて、精神原理にもつながっていると考えている。日本人の判断と行動の遅延は生存原理では動詞に関係していたけど、精神原理の面では主語に関係していると思うんだ。

そして、日本人が判断や行動を恐れる心理、つまり勇気のなさは主語の自覚の弱さからきているとにらんでいる。ボクは20年30年と海外に出て生きてて、つまり英語を話して日常を生きてきたから感じるんだけど、日本人は自我意識が弱すぎると思う。よくいえばお上品で、人がよくて、ひかえめなんだけど、そういう生き方は海外じゃ通用しない。最後は身動きがとれなくなる。ホントだよ。日本で議論する場合、TVの討論会なんかでは、かならず参加者全員に意見を言わせる。何々さんどうですか、某々さんどうですかと司会者みたいな人が順番にふってくる。だから黙っていても存在が担保される。でも、あんな親切なことをしてくれる人間は外国にはいない。黙っていればその人間は路傍の石になる。

日本人は決定的に自己主張が弱い。自己主張しないってことは責任をもたないことにもつながっていて、まわりからは、黙っているとずるく見えてしまう。

周囲に気をつかって自分を抑えているのに、まわりからはずるく思われてしまうなんて悲しくない？　でしょう？　日本人は、もう意識的に自分を変えないといけないところまできている。また、ちょっとふざけてみるね。

　ある会社の会議の場だとする。太郎が「わが社はAであるべきです」と発言した。するとお局（つぼね）さんみたいな花子が太郎をにらみつけ、「違うわよ、わが社はBであるべきよ」と言った。すると太郎はすぐさま、「やっぱり、ボクの意見はBです」と言い直した。そしたら社長が、「会社の財政状態も考えてよ。ボクはCだよ」と言った。太郎はすぐに、「やっぱり、正しいのはCです」と言い直した。

　これは日本中どこでも見られるごく当たり前の風景だよね。さて太郎はいったい何者だろう？　太郎は他人に瞬時に憑依（ひょうい）する幽霊だろうか？　「主体性とはその人間がその人間であること。つまり太郎＝太郎であること」だから、コロコロ意見を変える太郎は幽霊と同じなんだ。記号化すると「太郎＝花子＝社長」となり、太郎が誰だかわからないからさ。日本のこの日常風景は、海外の人の目には異様に映るんだよ。太郎は自分の意見をもたず、思考ももたず、ずるくて無責任な傍観者（ぼうかんしゃ）と見なされる。日本人に言わせると、「いや、違うんだ」と理解できるけど、海外ではそういう理解はしてくれない。それが世界の現実さ。

　どうして日本人は自己に固執しないのだろう。それは日本語のルールが主語の自覚を希薄にしているからだとボクは考える。ダマシオ教授流にいえば、心の中のイメージや感情だけでなく、意見や思考自体に対する所有の感覚、この考え方は自分のものだという思考の視点からくる所有観念が希薄だということになる。言葉の理解からいえば、その所有の感覚は主語によって代弁されるので、主語の意識が弱いというのが決定的要因となる。英語では自分の意見はつねに、I think 〜とか、**My idea** is 〜などと最初に自己が措定（そてい）されるけど、

日本語では、

　僕は、会社の最善策は、Ａだと思う。
　会社の最善策は、**僕は**、Ａだと思う。
　Ａだと思う、会社の最善策は、**僕は**。

　など語順はどうでもよくて、主語はどこにあってもかまわない。その分、主語への意識が英語より希薄になる。思考を組み立てる視座が可変的なんだ。その分、口からアウトプットされるメッセージの所有や帰属があいまいなまま陳述が展開してゆき、誰が、なんのために、どういう根拠でそれを言っているのかわからない状況が続くことになる。

　しかし、これとて本質的な問題ではない。より深刻なのは「会社の最善策は、Ａだと思う」と、主語が省略されてしまうことにある。つまり、自分の意見であっても自分を消すことが可能になる。これは古文の世界だけでなく、現代の日常でも頻繁に起こる。この思考スキルは、悪意をもって利用すると次のような日本語に変わりうる。

　会社の最善策はＡがいい、とみんなが言っている。
　会社の最善策はＡがいい、という意見もある。
　会社の最善策はＡがいい、という考え方もできる。
　会社の最善策はＡがいい、という考え方があってもいい。
　会社の最善策はＡがいい、という考え方があってもいいかもしれない。
　会社の最善策はＡがいい、という考え方もありえない話ではないはずだ。

　このように、日本語では文末で無限の曲芸飛行が展開されて、メッセージの責任をいくらでもぼやかすことが可能なんだ。つまり、いくら意見を述べても、責任から逃げ続ける道を無限につくりだせる。この思考法の天才たちが国会議事堂と中央官庁に巣食っているから、海外の人たちからは彼らは「のっぺらぼう」みたいな印象で受けとめられる。日本人は、日本人が思っている以上に薄

気味悪い存在なんだ。自分の意見を自分の責任で言わないのは顔がないのと同じ。白い幽霊には顔がない。ボクはフィリピンで幽霊を見たからわかる。ボクたちは、ここに気づかなければいけない。こういう日本語を使うことが頭のよさの証明だと一部の人間は信じているようだが、違う！　頭の悪さの証明さ。少なくとも、英語使って自己を前面に出して生きている人間からすると、そう見える。

　簡単にいえば、度胸がなくて、卑怯な印象を与えてしまう。こういう日本語流の思考習慣のまま英語を話すことは不可能です。そもそも、英語を話せても、弱い英語を発する人間は信用されない。英語を話すときは、このような悪しき思考習慣が完全に客観視されていなければいけないんです。

Point

[日／英]バイリンガルになろう！

　言葉というものは、最初に口から出てゆく言葉に一番強い意識が投影される。英語の場合、SV つまり主語と動詞にそれが投影される。英語の固定的な語順のルールがそれを強制するからだ。だから、英語を話す場合には「誰が、どうする」という決断に思考のすべてが注がれることになる。動詞は動作や行動だから、動詞を決めることは自己のアクションを運命づける。しかも思考と動作の間にタイムラグが生まれない。この英語にくらべ、日本語は動作を最後の最後まで決めないから、つまり状況分析が動作の前に介在してくるので、アクションは必ず遅れる。その遅れるアクションがチャンスを逃し、場合によっては自分に死を招く。英語と日本語の違いは、実は、決定的に大きいのです。

　英語を日常的に話し、英語で思考するようになるとはっきりわかるんだけど、「話す英語」は人間の思考を英語流に変えてしまう。わかりやすくいうと、決断がはやくなり、決断を恐れなくなり、自分がとる行動の結果を自分で引き受ける覚悟が強くなる。責任を何かに転嫁する可能性を探そうとする思考が消えてゆく。その分、自己主張が強くなり、自分の権利も強く主張するようになる。主張すべきなのに主張しないという矛盾した気分の余地がなくなるのです。

　こういうわけで、英語は話せば話すほど、自分の生命力を強化します。話せば話すほど自信が強まり、思考に自己確信が持てるようになります。話せるということは、話していないときも無言の思考が英語で頭の中をめぐるようになるので、どんどん脳みそは英語漬けになってゆく。そうすると、自分のものになった英語流の思考が日本語を客観視しはじめる。そして英語をしゃべる自分と、日本語をしゃべる自分の違いに気づいてゆく。こうして、絶えず日本語と英語の違いを考え続けるようになる。ふと心に浮かんだことでも、それを英語

に訳したり、街で英語を見てもそれを日本語に訳したりと、日本語と英語の違いを確かめ、その違いから日本語と英語の違いを客観視するようになるんです。

そうしていつの間にか、自分の頭の中に日本語モードの自分と、英語モードの自分という２つの言語モードを使い分ける自分が生まれてくるんだ。どっちの思考モードが自分に合っているかも感じ始める。大体、英語を使ったほうが自己解放できて気持ちがいいこともわかってくる。英語のほうが自己に抑制をかける要素が少ないからです。英語に敬語がないのもその要因の一つ。こうして、英語を話せば話すほど、抑制されない自分を獲得してゆくことになるんです。

バイリンガルとは、単に２つの言語を話せることをいうのではない。それは結果にすぎない。バイリンガルの本質は、頭と心の中に、２つの思考モードをもつことです。そして、その異質な思考モードを瞬時に自分の意志で切り換えて、どちらの思考モードでも環境に適応できる能力をもつことなんです。そして、どちらの行動パターンでも自分の目的を具現化してゆける力をもつことなんです。

英語と日本語に限定して考えるかぎり、自分の頭の中に日本人の自分とアメリカ人の自分と、二人の自分がいるようになる。「それは、オマエ、自己分裂だろう！」と言う人もいるかもしれないけれど、それは判断が浅い。そうではない。日本人的思考とアメリカ人的思考の、２つの真逆の思考が自分の中にあるということは、自分の思考の中にそれらを統合する自我が生まれていることを意味します。だから、そこまで行った日本人は、日本人を超えた日本人、つまり真に先導的な日本人になる運命をもつことになる。モード・チェンジとは、自分の意志によってモードを切り換えることだからです。切り換える自分はすでに統合的自我。心理モードだろうが、文法モードだろうが、自分の意志ひとつで自由自在に言語モードを変換し、日本人の困難を乗り越え、英米式の思考や行動の限界をも突破してゆける能力をもつことなんだ。この時点ではじめて、日本人は西洋人に勝つ条件を獲得することになる。

INDIVIDUAL
ASCENDING
METHOD

これが、英語メンタル
をつくる十戒だ！

Point

心理モードの十戒とは？

すでに解けた謎

　謎はもう解けた！　どうして日本人は英語を話すのが苦手なのか、その謎はもう解けました。西洋人と日本人の間にあった生存原理と精神原理が真逆だったからです。目に見えない真逆の生態上の現実が、言葉の逆転を要求していて、その要求に気づけなかったからこそ話せなかったんです。日本ではその盲目の状態が150年続いていたことになる。根源的な探求を無視するとこういうことになる。そもそも、日本人がいきなり口から英語を出そうという発想自体が間違っていた。英語と日本語の間には何か見えない壁があると感じとるような直観力が必要だったんだけど、誰もそういうふうには考えなかった。いきなり目で英文を読みだして、そして話そうとした。だから「逆転」の現実を実感できなくなった。たとえは悪いけど、見えないガラスにぶつかって先へ進めない昆虫みたいになっちゃった。

　ボクは古文で身につけた日本語の知識を活かせたので、英語は抵抗感が全然違うぞと強く感じて、その抵抗感の違いにこだわった。毎年２回フィリピンへ通っていた最初の10年間に、昆虫になった悔しさを実感しながら、見えないガラスの壁が、思考の「逆転」だと気がついた。

　英語を話す現実は、フィリピンと出あったことで十二分に担保できたから、見えないガラスをぶち壊す方法を現実の中で考え続けた。英文法の違和感を哲学的思考の強い胃酸でとかしつづけた。そうしてガラスに穴が開き、その穴がひろがった。ある時点でガラスが消えていった。その結果がIAメソッドになった。日本の経済産業省も注目してくれたし、日本から大学生たちもやってく

るようになった。けっこう、成果は出した。ガラスをとかす強い胃酸の使い方はフィリピンではなく、日本でこそ紹介されなければならない流れができあがっていた。

　ボクは最初、自分の胃酸でガラスをとかしていると思っていた。でも日本へ戻って調べたら、実はそれは胃酸ではなくて、脳内神経伝達物質のドーパミンだった。改めてそのドーパミンを「心理モード」と定義し直した。ドーパミンが足りなければ頭の中の「逆転」なんてできっこないし、楽しい気分にもなれるはずがなかったんだ。

　そんな、こんなの「逆転」の秘話をマンガ仕立てのスキットにして本書に挿入し、わかりやすく説明したつもりです。ボクは日本へ戻りすぐにスピノザの研究に取り組んでいたので、その関係でダマシオ教授の研究に目がとまった。そうしたら、なんとその研究は本来の哲学研究だけでなく、語学の謎解きにも直接関係していることがわかった。こんな幸運ってない。彼の研究が「心理モード」の謎解きに最新の科学的根拠を提供してくれていた。これは信じがたい幸運だった。英語を「英文法」と「英語史」だけで理解しようとする古い時代はもう終わったようだね。これからは、英語の修得はどんどんやさしいものになってゆくだろう。だって、英語の主流はこれから「話す英語」に急速に変わってゆくはずだから。それは、今という時代が危機の時代で、狂人が世界をおびやかす危険な時代だから。そして、生存本能と直結した英語の言語原理は、日本人をもそれに気づかざるえなくするだろうから。「話す英語」の問題は生存に直結する問題になってしまったということ。それを拒否する者と、進んで受け入れる者とでは、おのずと結果を分ける。きっと、そういう時代なんだよ、今は。

　ということで、日本で150年続いた古い英語の学び方はこれからどんどんマイナーになってゆくだろう。時は今、日本人が、「話す英語」を一気に獲得することを求め始めている。

❖言っておくけど、スマホに搭載されはじめている翻訳アプリは、あれはオモチャだからね。オモチャで満足できる人は、ボクの念頭にはありません。たとえそれが AI 連動でも、オモチャはオモチャです。

　日本人が「心理モード」を変えるための秘策、「心理モードの十戒」を説明する前に、ボクの理論をロジカルにまとめておきたい。ここが不鮮明になると、今まで真剣に（？）述べてきたことが、ただのお笑いと誤解されてしまうかもしれないからね。本書は、笑いを誘いつつ真実を述べる毒のある高等テクニックを使っているつもり。でも、それを見過ごす人もいるだろうから、以下をまとめておく。

1．言葉は、人類の歴史の中で、話すための道具として進化してきた。
2．だから言葉は、話すための道具として人間の脳の中に組み込まれている。
3．この現実は、英語に関しても日本語に関しても変わらない。
4．ただし言葉も文化だから、言葉の構造は文化に影響される。
5．西洋の文化と日本の文化では、生存原理と精神原理が逆転していた。
6．だから、英語と日本語の言語構造も逆転していた。
7．英語を話すには、「話す英語」の知識が必要で、「読む英語」の知識は役立たない。
8．英語を話すには強い心の力、つまり、ドーパミンに裏づけられた感情表出が求められる。
9．日本人の感情を賦活させる行為を「心理モードの変換」と名づけた。
10．「心理モードの変換」で生まれた心のエネルギーは、頭の中の語順逆転に使われる。
11．高速で実行される語順逆転のスキルを、「文法モードの変換」と名づけた。
12．IA メソッドが提唱する言語モードの変換法は、日本人の生存を左右するだろう。

「なんちゃって」と、一応、おどけておく。そうしないと、あまりのシリアス

さに誰もがたじろぎ、凍りつき、あるいは引いてしまうに違いないから。「なんちゃって」はボクの愛。

なんで十戒なの？

「心理モード」の理論はつくしたけど、どうやって「気分」を変えるかはまだ十分に述べていない。ボディーランゲージやフィラーの重要性は述べたけど、もっと実践的な「心理」の切り換え方が説明されていない。だから、それをこれから説明したい。

　旧約聖書の中にモーゼという預言者が出てきて、山中にこもって、神のお告げを受けて、そのお告げを刻んだ石板を小脇に抱えて山から下りてくるエピソードがある。その石板に刻みつけられていた内容がユダヤ教の原点になり、西洋の宗教に大きな影響を与えた。それを十戒という。世界中の人間が知っている有名な話だ。信じるかどうかは別にして、「十戒」って、名前がかっこいい！

　だから、これをまねてみた。十戒って、十の戒めって意味だけど、ユダヤ教徒がユダヤ教徒でありつづけるための生き方の規範ってこと。でも、小学校や中学校でも、校則っていうのがあって、廊下は走らないようにしましょうとか、校内美化に心がけましょうとか、いろいろルールがあったよね？　要はそれと同じ。

　こういうガイドラインをくわしく調べてみたら、大きく２つの内容に分けられることがわかった。一つは、やってはいけない禁止項目。もう一つは率先してやるべきおすすめの項目。両方あるみたい。実際、インドのヨーガ行者は、古くから、人里離れた森の中で修行をするとき、やはり厳しい十の戒めに従っていた。

　ヨーガの修行では悟りをひらくまでに８つの階段を上ってゆく。最初が「禁戒」といって禁止の戒め。これは命あるものを殺さない、嘘を言わない、盗ま

ない、性的禁欲を守る、貪欲にならないの５つ。次の段階が「勧戒」といって、どんどんやるべきこと。これも５つに分けられている。清潔、満足、苦行、研究、ヨーガの神への没頭。おもしろいね。やっぱり「十戒」なんだ。

　だから、これにあやかって、心のモード・チェンジのためにも、「五禁戒」と「五勧戒」の、あわせて「十戒」をつくってみた。すべてが、「心理＝気分」を変えるのが目的で、日本人が英語のロジックを身につけて、英語のロジックで判断し行動できるようにするための思考習慣と考えてほしい。これはけっしてなめてはいけない。人間が慣れ親しんだ思考様式を変えるなんてことは、簡単であるはずがない。それは日常において意識化されていないものだから、気づいていないことのほうが多い。英語を話すということの本質は、思考そのものを西洋人と同じにしなければならないはず。これは普通の日本人には無理な話。相当西洋のことを考え続け、相当長く海外で暮らす中で自然に身につくことだから、一朝一夕に西洋的思考を身につけるなんてことは、本来はできない話。

　でも、IAメソッドは、どんなことでも不可能を可能にしてしまう。そういう無鉄砲さ、常識無視の発想がIAメソッドの本質なので、これもやってみた。やってみたという意味は、自分の行動や経験を深く内省してみたということ。そうしたら、意外に、核になる発想を自分のものにすることで、西洋人に負けないメンタリティーをもつことが可能だとわかった。それを紹介したい。

　「禁戒」は日本文化の客観視と日本的な価値観や習慣の否定に当たる。これを日本人に適用する必要はない。もし適用したら、その人は日本では生きてゆけなくなる。これは西洋人と向き合うときに実行すべき内容と割り切ってほしい。相当に強烈です。

　「勧戒」は、相手が外国人だろうが日本人だろうが、ガンガン自分のキャラクターにして、誰に対しても積極的にアピールしてほしい内容。ポジティブに自分を変えるための方法さ。まさに「心理モード」に点火して心を爆発させる方

法だよ。

　実際に海外に飛び出せば、心は比較的容易に英語モードになる。それほど環境の力は大きいといえる。しかし、心が変わればまわりの世界が変わるのも事実。むしろ、そっちの力のほうが大きい。だから、物事はどんどん進めるべき。そうすれば、心の思うとおりに環境のほうが変わりだす。ここが現実世界の神秘。ヨーガの世界ではちっとも神秘ではないけれど、普通は神秘の領域になる。だからガンガンやる。躊躇はしない。

　この本のあとには「文法モード」を変える秘策を紹介する本が続々刊行されます。つまり、「逆転モード」「拡大モード」「叙述モード」、それに「前置詞」の使い方がガンガンわかる。「話す英語」がこんなに簡単だったってことに腰を抜かすはず。そして、すぐに怒りがわいてくるはず。「なんでこんな簡単なことを、今まで、誰も教えてくれなかったんだ！」ってね。絶対にそうなる。だって、フィリピンへ行くまでは英語をしゃべれなかった男が、その国の副大統領や現役の大臣たちにバンバンインタビューして、フィリピンで最高の大学の大学院で英語で講義するようになったんだから、その話法に実効があるのは疑いようのない事実。それを使えば誰でも話せるようになる。なんの不思議もない。担保された現実だよ。

　そんなものだよ。難しくするから難しくなる。簡単にすれば簡単になる。英語が難しいのは、難しいと思い込まされてきたから。そのほうが英語をビジネスにできたから。社会なんてそんなもの。社会はウソだらけ。ボクはそういうウソがきらいだから、簡単なことは「簡単だ！」と言う。

　異質な思考習慣は付け焼き刃では使えない。それなりに自分の心に嘘偽りなく浸透させ、それが自分の確信にまでなっていなければ現実の力にはならない。なんといっても「心理モード」だから、心の次元でウソは通らない。自分をアメリカ映画の中の主人公みたいに、ポケットに両手を突っ込んで、小首を傾げて、「ハーイ！」みたいな気分で突っ立って、顔にもたっぷり笑みを浮かべて

おく。そして「コイツ、いい奴だなぁ〜」みたいな気持ちで自分から相手を見つめる。心は本気でひらく。外国人が反応したら、両腕を大らかにひろげ、大股で近づいて、「何話そうか?」みたいにいきなり会話に入る。フランクなアメリカ人そのもののふるまい。できる?

　すぐにはできないでしょ?　だから「心理モードの十戒」なのさ。どんなことでも日々心にしみ込ませておかなければ、自分のものとして使えない。だから「十戒」を示すところまでは「心理モード」編の責任だと思っていた。これは、日本人のメンタルを日常のレベルで英語流に変える方法なんだ。

「五禁戒」は厳しい!　でも、「五勧戒」は楽しいぜ!

「相手の気持ちを、気にしない？」、「えっ、ホントかよ？」と、半信半疑になるはずです。でもこれ、西洋人と向き合うときの、日本人がとるべき基本スタンスです。人間同士、どこまでいっても心は一つになれない。英語を話す西洋人はみなそう考えています。彼らの意識は驚くほどドライで、冷たく、醒めています。さっきまでべたべたしていた恋人同士が、突然、大声で罵り合っているアメリカ映画を、わたしたちはどれだけ見たことでしょう。日本人は誰もが、「どうなっちゃってるの、アメリカ人って？」と心の中で思ったはずです。あれは西洋人の心の底を証している象徴的なシーンなのです。

　西洋人の心の中にはかならず神がいます。その神が、人間同士が結びつく前に、個々の人間と結びつきます。その西洋人がキリスト教を信じていようと、いまいと、関係ありません。もっと根源的な自己認識や自己理解が個を醒めた存在にしています。彼らは「I」と「You」の区別にこだわります。彼らの心の中はとても孤独です。しかし孤独に耐える強さをもっています。ですから、基本的に彼らは他人の心に興味がありません。人の心がどうだろうと彼らは無関心です。ですから、日本人が西洋人との会話の中で相手の心を気づかったり、斟酌したり、忖度したりするのは独り相撲になります。

　彼らは日本人よりも感情表出が豊かですが、それは醒めた心の裏返しともい

えます。彼らは、人は本来一人で、他人とは一体になれないと諦観しています。ですから、他から気づかわれなくても平気ですし、過剰に気づかわれると逆に「私に構うな！」という気分になります。おおげさにいうと、日本人の心理的関与はときに個の尊厳への侵害になります。「そこまで言うかよ」と、思うでしょうが、そのくらい醒めた理解をしておく必要があります。西洋人と向き合うときは、日本の美徳が通じないさびしさを味わうことになります。

　これは、英語を話すための「禁戒」です。つまり日本人がどうのこうの、日本の美徳がどうのこうのの問題ではなく、ドライなアメリカ人に代表される西洋人がどんなメンタリティーをもっているかの問題です。英語を使って話すということは、英語の土俵で相撲をとることですから、英語を使う人々の思考の流儀を知っていなければなりません。つまり、西洋人と同じメンタリティーで話さなければ会話の前提が成立しなくなります。これから紹介する「禁戒」はすべてそういう心の切り換え作業です。

　自分がなんらかの意見をもっていたり、何かを言おうとしたりするとき、目の前にいる人がどんな考えをもっているかは二の次、三の次です。相手がどう思っているかを考えるより、まず自分の意見をストレートに出してください。それがあってはじめて、相手も自分を理解でき、本物の意見交換ができると考えます。だから、英語を話すときは、相手がどう考えているかを気にしてはいけません。まして、相手の胸中を察して、自分から自分の意見を変えてしまうなんてことは絶対にしてはいけません。この自覚がないと、彼らに軽蔑されます。英語を話すには、そういうタフな自覚が要求されます。

禁戒 2　話し合いで、沈黙しない

□ 西洋では「言葉＝存在」、「沈黙＝無」

□ 沈黙して、自分を路傍の石にしない

□ 対話では、タフな精神を見せつける

□ 意見は、論理的でなければならない

□ 意見の対立を、情緒的に解決しない

□ 意見の論理性が、精神年齢とされる

「沈黙は金ならず」です。日本の文化には「以心伝心」とか「阿吽の呼吸」とかいって、沈黙や寡黙をたたえる価値観が強くあります。しかし西洋では、この価値観は完全否定されます。これってかなりツライ現実です。でも「郷に入れば郷に従え」ですから、英語の土俵の上では英語の流儀に従うしかありません。英語の土俵で日本語の流儀を通すと、必ず負けます。

　英語で複数の外国人が意見を述べ合う場面で、黙して口を閉ざしていると、「路傍の石」にされてしまいます。言葉は人間の精神の証ですから、言葉を発しない人間は人間扱いされなくなります。頭の中でどんなに立派なことを考えていてもダメです。どんなに議論の本質をつかんでいてもダメです。それを言葉で表現できないかぎりその人は「無」です。存在していないことになります。日本では黙っていればいるほど存在に重みが生まれ、黙する者は「賢者」にさえ見えてきます。この魔法を意識的に使って影響力を行使している日本人はたくさんいますが、英語の土俵ではピエロにすらなれません。確実に愚者と見なされ、最後は石ころにされてしまいます。

　発言しない人間は思考していないと見なされますから、人間の仲間に入れないのです。この単純明快な、アホらしい論理が、西洋人の議論を支配します。現在は、日本企業も海外の企業とつながって活発な議論を交換しているはずで

す。まして最近は新型コロナの影響で、企業間でも、オンラインの国際会議が増えているでしょうから、中身のないことをベラベラしゃべる外国人に主導権を握られ、不利な結論に落着してしまうケースが相当増えているのではないかと想像します。

　外国人のすべてが頭がいいわけではありません。彼らのすべてが内容のあることを話すわけでもありません。どうでもいいことをベラベラしゃべるのが普通です。でも、ベラベラしゃべっていると頭がよく見えてしまいます。そして口を閉ざしている人間はバカに見えてきます。その程度のオンライン会議に振り回されている日本企業がけっこう多いのではないでしょうか。

　たしかに、英会話を習ったからといって、いきなりそんな場面に参加できる日本人は限られているでしょう。でも、このような現実は多くの示唆を日本人に与えてくれます。つまり沈黙は「ゼロ」でしかないのです。英語は話して「ナンボ」、自己主張して「ナンボ」の世界です。西洋人はみなそういう世界に住んでいます。黙っていると議論を否定していることになり、理解を拒否していることにもなるのです。「そんな理屈って、あるかヨ〜！」と日本人は思うはず。でも、彼らの「ロゴス」への偏執は深いのです。

　いかに自分の意見をもち、自分の意見を主張し、言葉で自己アピールすることが重要かを今一度理解する必要があります。まわりを気にして自分の意見を言わないなんて姿勢は自己否定です。やわな日本人メンタルでは、英語は使えません。自己を演じるゲーム感覚が必要です。

禁戒 3 遠慮しない、謙遜しない

- 自分の意見は、遠慮せず述べる
- 遠慮と、謙遜は、自滅への道
- まわりに委縮しない、自分を卑下しない
- まわりに合わせることを、優先させない
- 人間は、自説を述べる権利がある
- 個は、違うことが前提されている

　これもまた日本文化の否定みたいになってしまうけど、「否定」とは考えないでください。日本文化には日本文化の背景があり、歴史があります。大切に守ってゆくべきです。そうしなければ民族の文化的アイデンティティーが失われ、日本人の精神的価値もなくなってしまいます。「禁戒」が求めることは、あくまでも西洋人に代表される外国人と日本人が英語で向き合う場合の「禁戒」です。そう割り切ってください。ちょうど、電気のスイッチをONとOFFに切り換えるような感覚です。

　これが「心理モード」を切り換えるときの意識です。世界中の人間が日本人と同じものの考え方をもつようになってほしいというのは、そもそも不可能な願いです。というより、それは不遜な願望です。それより自分を変えたほうがはやい。世界はすでに一つの村みたいになっていますが、でもその実態は、無数の異質な里人が利害をめぐって衝突し、だましだまされしているのが現実です。国際政治も、国際金融も、しょせんだましあい！　二酸化炭素の排出権取引なんて発想は、ただのワールドワイドのだましの手口です。それをきまじめに信じているのは日本だけでしょう。日本人がどうしてこうも初心なのかを考えると、だましあいの英語の議論に本気で参加できていないからではないでしょうか。議論の嘘を嘘と承知で、英語でその嘘のほころびを追及し、暴き、相手を追い込み、相手の主張をへし折れば、英語はロジックが通りますから、今

よりずっとましな現実をつくりだせるのに、それができる日本人がいない。気迫ももっていない。そういう日本人を、日本は育ててこなかった。

　どう見ても、世界はまだ日本の戦国時代です。そんな中で、日本人がしぶとく生き抜いてゆく一番大切な武器が言語、つまり英語のはずです。でも日本はそこを粗末にしすぎています。英語こそが武器なのに。この「禁戒３」は「遠慮しない、謙遜しない」だけど、日本人のメンタルは概してマゾヒスティックすぎます。これは間違いなく文化の結果だけど、英語を使うときは豹変する必要があります。そう、サディスティックに変わる必要があります。意識的な加虐性を言葉で演じられなければ、状況は追い込まれるだけです。マゾヒスティックなスタンスは餌食になるだけ。自分に多少のミスがあっても自らそこにふれる必要はないし、負い目に感じる必要もない。自分を聖人君子に追い込む必要もない。だから遠慮もしないし、謙遜もいらない。謙遜しても誰も喜ばない。

　人間は言葉で自己を表現する自由と権利をもっています。けれど、日本国内で暮らすときはこの自由と権利を抑圧して生きることになります。これは本心ではかなり悲しい感情として体験されているはずです。そしてそれは、すべての日本人が知っているはずです。それを感じていないのは元気のいい「大阪のおばちゃんたち」だけかもしれない。彼女たちは称賛に値する。お手本はあそこにある！　だから、日本人が変わってゆける可能性は日本文化の中にだってある！　オランダの哲学者スピノザがこう言っています。「謙遜とは、人間が自己の無能力あるいは弱小を観想することから生ずる悲しみである」と。英語のスタンスは、単にスイッチを切り換えるだけでなく、日本人が自ら変わってゆく契機になります。

| 禁戒 4 | 否定的意見は、述べない |

□ 自説はつねに、肯定的に述べる
□ 否定的意見は、創造につながらない
□ 消極的論説は、自説に値しない
□ 欠点や間違いの指摘は、意見ではない
□ 他者からの否定に、感情で応じない
□ 無意味な敵をつくらない

　この禁戒は、実は、「西洋人に対してはこうすべきだ」という課題ではありません。誰に対しても、日本人に対してもこうありたい内容。ただ、これが「禁戒」であることは間違いない。人間はみんな不完全で未熟です。日本人だって西洋人だって同じ。人の欠点や弱点を探したらキリがない。また、それを指摘したところで相手がそれを受け入れるかどうかはわからないし、逆恨みされる可能性が高い。逆襲されたら損をするだけ。ここは賢くなったほうが勝ち。

　自分の得にならないことはしない。相手が自分の欠点で自滅しようがしまいが、関係ない。そういうニュートラルなスタンスをつらぬきとおす。だから、議論や話し合いの場で、相手の意見の間違いや欠点を指摘するのに夢中になるのはやめる。そうではなくて、「ボクの意見はこうだ」と、自分の意見を積極的にアピールする。そういう主義で議論の場に貢献する。

　日本人同士の議論の仕方を観察していると、自分の意見を何も言わないで、人の意見の弱点だけは指摘したり攻撃したりして悦に入る御仁をよく目にする。それで自分の知性をアピールし、自分の立場を有利にしようとする人がけっこういる。否定する力こそが知性だといわんばかりだけど、それは醜い錯覚。それってナンセンス。錯覚というよりずるいだけ。なぜなら、否定には新しいものや新しい価値を生み出す力がふくまれていないから。日本人は現状維持こそ

大切だと感じる観念が強いから、何か新しい提案が出てくると、心理的な恐怖心が無意識に働き、衝動的にそれを否定したくなる。そういう人は必死に新奇な発言をする人のあらさがしをする。もうそういう日本人は過去の遺物にしてしまおう。

　西洋人は新しいことをするのに恐怖心を抱きません。日本人よりずっと積極果敢です。新しいことを行うのを恐れていたら、明日へは向かえない。そもそも、人間は試行錯誤を原理にして生きている動物だから、失敗を恐れていたら消えてゆくしかなくなる。西洋人はこれを血のレベルで知っている。だから、英語を話して生きていこうと思う日本人はここをしっかり自覚する必要があります。知のレベル、理のレベルで、果敢なアメリカ人になりきらなきゃダメなんです。英語を話すということは根性のいる行為。根性のない人や潔さのない人は「話す英語」は上達しません。つまり、日本人メンタルを捨てられない人は英語は上手くはなりません。これは厳しい現実です。

　自分をネガティブな思考や現実に関わらせないようにする醒めた知恵が必要です。「万物は流転する」と言った古代ギリシャの哲学者がいました。今は否定的に見える「人」も「こと」もすべては変化し、いずれ消えてなくなります。そんなことに自分のエネルギーを浪費するのはやめましょう。西洋人は、議論は議論として割り切り、言葉とロジックだけで勝負しようとするから、ドライなゲームのような感覚でポジティブに言葉のゲームに参加すべきだと思います。そうすれば西洋人からも慕われる。

禁戒 5

上下関係を、意識しない

□ 社会の虚構を、見抜く
□ 他者の虚勢を、見抜く
□ 自己の尊厳を、守る
□ 上下関係に、屈しない
□ 相手の地位に、威圧されない
□ 上下の論理で、発言しない

やれ！やれ！

怖いもの知らず！

新入社員！

ボクがやる
できる！

　これは一番過酷な戒めかもしれない。日本人は上下関係に異常に敏感だから
ね。日本は縦社会、ピラミッド社会だから、年齢や年功による縦の関係が強固
だよね。小学生や中学生でさえ、部活や放課後のサークルで、「先輩、先輩」
と言って上級生に神経をつかっている。それは大人の目から見ると滑稽だよね。
小学生には先輩も後輩もありゃしない。みんなまるごと「子ども」のはず。だ
けど彼らの間では、大人と同じような感覚で「先輩、後輩」の違いにピリピリ
している。それははっきりいって大人の責任。大人がそういう社会をつくって
しまったから、それが子どもにも受けつがれてしまっている。これはよくない。

　ちょっと視点を変えてみよう。もし、上下関係にピリピリしている小学生を
見ている大人の視線が西洋人の視線で、見られている小学生たちが日本人だと
したらどうなるだろう？　「かんべんしてくれよ！」って言いたくなるでしょ
う？　日本人がたあいもない上下関係にピリピリしている小学生に見られるわ
けだから。辛辣なたとえだよね、これは。でもまあ、そんなところなんだよ、
上下関係にビクついてる日本人の印象って。

　確かに、他を敬うことは大切なマナーさ。まして年長者を敬うことは価値あ
る文化さ。しかし、社会一般で上下関係にビクビクしているのは絶対にいただ
けない。外国人とコミュニケーションをとるとき、上下関係に萎縮している人

間は信用されない。それは精神的未熟さとしか映らない。若くても、地位の高い人に堂々と意見を述べる人が信用される。個の確立していない人間は西洋人の土俵には上がれないことを知ってほしい。日本語では「兄」「弟」の差は決定的だけど、英語で、一語で「兄」「弟」をあらわす単語はない。Brother も Sister も、上下関係はわからない。それは兄か、弟かときくと、「なんでそんなに、上か下かを気にするの？」と、何度も言われた。「Brother は Brother よ！」、それで終わりだった。

　西洋人は自我意識の弱い人間を無視するし、バカにする。強い自我意識や自負をもっていてはじめて「つきあうに足るヤツ」と評価する。知らない会社に電話するときも、アメリカ人は「△△社の〇〇です」とは切り出さない。かならず「〇〇です」と自分の名前から告げる。社名を告げるのはそのあと。すべては個の存在があって始まるんだね。この感覚、日本人には完全に欠けている。日本人はみな、なんらかの組織に帰属してはじめて自己を保てるように意識づけられている。何もなくても、「オレはオレ」という感覚で生きている日本人は例外的存在といえる。でも西洋人はみなその手の人間。だから、日本人とは迫力が違うし、根性も全然違う。ここが日本人の一番弱い部分。意識的に彼らと対峙する心をもたなければダメだ。

「ポストや役職は何ほどのものでもない。大切なのは人間そのもの。このオレ自身だ」という気概をいつももってほしい。その人がどんなにえらそうに見えても、「なぁ〜に、家に帰ったら、ただのお父さんじゃないか。娘には弱いんだろ」くらいの相手をなめてかかる感覚が必要なのさ。いいアドバイスでしょう？

勧戒 1 　自己中心の世界に生きる

- □ 一切は、認識されて存在に変わる
- □ だから、認識する自分が世界をつくる
- □ 自分が、一切の中心にあると知る
- □ 自分の主観に、自信をもつ
- □ 自己意識は、他者理解につながる
- □ 主観性こそ、創造の根源

ボクが地球をまわしているのさ!!

「世界はオレのためにある」、「オレがいるから世界はある」、「世界はオレを中心に回っている」という意識で外国人と向き合い、英語で話すべきだと思っている。ある種の全能感みたいな感覚なんだけど、この感覚はすべての西洋人が等しくもっている感覚です。だから、そういう彼らと向き合うときは、同じ全能感をもっていなければ互角にやり合えません。

　自分という存在がなければ周囲の現実は消えてしまいます。自分が存在しなければ一切の意味も消滅します。人間は認識をとおして一切の存在を知るので、認識の根底としての自己がなければこの世も存在しなくなる。少なくとも西洋の哲学ではこう理解します。だから、「自分があって、はじめて世界がある」という考え方は間違いではないのです。この認識にさらに、「絶対神と一体化している自己」という意識も加わるので、西洋人の自我意識はとてつもなく強固です。日本人は普通、彼らの頭の中のこの異質性を想像していません。けれど、それはとても強固なのです。

　これはすでに述べた一神教の宗教観に強く根ざしています。これに比して日本人の自我意識は周囲に拡散されています。仮にどんな偉業を独力で達成しても、その人は「いえ、みんなのおかげです」と言わなければいけません。「まあ、オレ、確かにがんばっちゃったから、当然かな」なんて言ったら、もうそ

の瞬間から居場所がなくなります。日本と西洋は、驚くほど自我意識が違います。

　強烈すぎる西洋人の自我意識は、日本人には否定的な印象しかもたらしません。でも西洋人のロジックでは、誠実な態度表明になるんです。なぜなら、「キミたちがオレをどう思おうと関係ない。オレはオレのために生きている。キミだって、そうだろう」という、徹底した個人主義の価値観で生きているからです。だから、せめて英語を話すときぐらいは自分の意見ははっきり言いましょう。自分の意見も言えないで生きているなんて、生きている意味がない。生まれてきた意味もない。「自分の意見をはっきり言うことは、基本的人権の一つだ」って、日本国憲法にも明記すべきです。それくらいのものだと思っています。

　自分が世界の中心であることは、自分の思考を周囲に表明してこそ実現するので、躊躇する必要なんかどこにもないのです。議論はぶつかり合うもの。負けたら、次に勝てばいい。西洋人はみなこの感覚で生きている。英語を使って生きるということは、そういう姿勢をつらぬくことです。

　彼らは自分の責任から逃げないし、他人も逃がさない。西洋人の自己本位的な態度の後ろには、この目に見えない緊張感が隠れている。だから英語で勝負するときは、自分の責任から逃げない覚悟さえしていれば、他人の「思惑」なんかどうでもいい。「まわりの人間は、みんなオレの観客だ」くらいに思っていればいい。この強烈な自己意識が攻撃モードの英語を使いこなす基本条件になります。

勧戒 2　自分の意見は臆（おく）さずいう

□ 人間は、自分の思考を表現する存在
□ 自説の表明を、恐れない
□ 意見を言わせない環境に、あらがう
□ 自説の表明は、よろこびである
□ 自説の表明は、自己を進化させる
□ 自説の表明は、基本的人権の一部

意見は言う！　コレ基本的人権！

「勧戒1」で述べたことと重なるけど……、日本人は概して、自分におびえている。だから他人にもおびえる。自分の考えを言葉にする場合には、そのおびえはさらに大きくなる。それが日本文化に根ざしていることはもちろんわかる。でもこの点に関するかぎり、日本人はもうそろそろ、日本文化の悪しき側面を客観視し、この問題を克服しなきゃいけない。日本の価値や伝統のすべてが肯定に値するはずがない。日本語や日本文化を英語の鏡に映して考えると、それがよくわかる。日本文化は、個を抑圧する側面が非常に強い。これは誰にとっても不快きわまりない現実のはずなんだけど。

　今はもう、ロケットが宇宙へ飛び出している時代だよね。ロケットは火星や木星に向かって飛んでいっている。そのうち月への移住だって始まるだろうし、宇宙ステーションで暮らす人間だって実際にもう出てきている。そんな時代に生きていて、日本文化のネガティブな空気や重圧にからめとられていてどうするの？　あっさりと無視して、否定しちゃおうよ。

　自分の国を思うことと、責任の所在のない空気に圧し潰されることとは違うと思う。無言で重圧をかけてくる人間だって実は悲しい人間なんだ。きっと自分を殺している人間に違いない。そんな人間の陰湿な報復に負けてどうするの？　そういう匿名（とくめい）の連中が目に見えない重圧社会をつくりだし、個を抑圧し

ているんでしょう？　日本はそういう陰湿な2千年の空気にひたりすぎて、個がみんな元気なくなっちゃっている。誤解を恐れずいうと、ボクは室町時代が好きなんだ。あの時代は国がハチャメチャだったけど、一人ひとりの個は非常に元気がよかった。危険もかえりみず、たくさんの個が東南アジアへどんどん冒険に出ていっていた。日本人にはそういうエネルギーがあったはずなんだけど。

　すべての人間は、自己実現のために生まれてきているはず。その自己実現の権利を他者が抑圧したり奪ったりしていいはずがない。英語が世界共通語になった今の時代は、日本人にとってかっこうのチャンス。攻撃モードで英語を話さなければならない環境が、日本人を変えてゆく力になるはずなんだ。英語を使って周囲に気にせず意見を言う体験が、日本人を古い意識から脱皮させてくれる力になるはずなんだ。

　自分が自分であることにおびえ、不安を感じるべき理由は、どこにもない。

　人間は精神的な存在だから、自分の考えを他に披瀝することはよろこびのはず。人間は誰でも自分の考えを他に伝える権利をもっている。自分にはその「基本的人権」があるんだとはっきり自覚すべき。悪いものは悪い。個人の尊厳を抑圧する日本文化の悪習は断固として拒否する！　その強さをもとう！陽気なアメリカ人を見てほしい。臆せず自分の意見を言い、貪欲に自己実現し、人生を謳歌している。地球上のすべての人間が同じ権利をもっているはずだ。

勧戒 3　ナルシストになる

- □ 人間は、自己を愛する存在である
- □ 自己愛は、存在の根源的エネルギー
- □ 自己愛は、自己を充溢（じゅういつ）する力
- □ 人に好かれている自分を、確信する
- □ その確信が、他者との関係を生む
- □ 自己愛は、まわりをひきつける

　他人の思惑や評価は無視し、遠慮せずにズケズケ自分の意見を述べろといったのは「禁戒1」。外国人相手にこれをつらぬきとおすことは痛快な「男」を演じることになる。もちろん、女性も同様。でもこの行為を日本人への行為としてイメージするのは相当危険でもある。「オレ、そんなのできん」と思った人はたくさんいると思う。でもこの難題は、次のような別の「勧戒」で克服できる。

　自分を誰からも愛される映画やTVドラマの主人公のように想像し、意識的にそのようにふるまうのさ。あふれんばかりの自己愛を、意識的に自分に注ぐんだ。そして、「自分は誰からも愛されている」と勝手に想像し、確信し、すべてに愉悦（ゆえつ）を感じつつ行動する。「自分が世界の中心だ」という楽しく痛快な感覚で自分を満たす。自分を脇役や通行人とは思っては絶対にいけない。それでは自分に対する義務をまっとうしていることにはならない。

「自分があって、世界がある」という認識と、自分を周囲の中心人物と思い込む気分はつながっているはず。自己愛がなきゃ、他に愛を注ぐこともできない。自分に愛されていない自分、自分にスゴイと思われていない自分に何ができるだろうか？　そんな人間は何もできないはず。自己愛は、実はすべての人間にとっての根底的な意識であるべきなんだ。フロイトも自己愛は自我の根底だと

言っていた。自分を魅力ある人間と確信してふるまったり、周囲と接すること
は正しいことなんだ。意識化された自己訓練としての自己愛を強くしたい。

　学生時代、都内の高級ホテルでベルボーイをしていたことがある。英会話の
ため。有名な歌手や映画俳優がよくやってきた。彼らは遠くから見ていても、
何かが違っていた。周囲の視線を浴びるほどに嬉々としていた。「オレ、みん
なから見られるとうれしくなるの。オレ、みんなの憧れのスターだから」みた
いなオーラが、全身から発散されていた。「な～るほどね！」とボクは見てい
た。そして参考になった。自己がよろこびに包まれれば、そのよろこびは周辺
に放射される。そしてその人物を原点にした目に見えない人と人を結びつける
波動がひろがる。だってそのとき、そばへ行ってつながりたい衝動をおぼえた
のは事実だもの。つまり、自己愛にあふれている人間には他をひきつける力が
ある。そういう人間は、「まわりへの気がねや遠慮」など一切もっていない。
それはそれで、人間の魅力あるあり方だと思う。悪い印象はなかった。

　自分がうまくいって調子がいいときは、誰でも、自分はみんなから好かれて
いると思えるはず。そのときの感覚を思い出して、その感覚が当たり前になる
ように意識的に持続する。

　自己愛も愛。それは自分の生命力のあらわれ。自己という存在の根底を支え
る力。もしそのような力をおびた日本人がいたら、すでにアメリカ人と同じで
す。口から出てくる英語も断然違ってくる。このようなスタンスも「あり」で
す。

勧戒 4 — 巨大なシャボン玉をつくる

□ 自分を、巨大なシャボン玉で包む
□ それは、明るく楽しい透明なドーム
□ 中には、いつも笑顔と歓びが満ちている
□ その放射は、自分が発するオーラ
□ 誰もが、そのオーラにふれたがる
□ 自分が動くと、そのオーラも動く

　西洋人の考え方や行動の仕方をまねるのに、自我を強調したり、意識のテンションを高めるだけが方法ではありません。攻撃モードと正反対のスタンスでも同じ効果が得られます。それは人間なら誰もが受け入れるはずの戦術。日本人も西洋人も脱帽し降参するしかなくなります。

　心理モードの十戒は西洋人と向き合って英語で話したり、英語で仕事をしたりするときに信じられないほど大きな効果を発揮します。「あれっ、やっぱり彼らは価値観が違うんだ！」、「日本人の常識とは、正反対だ！」と驚くはずです。彼らはここで述べている自己主張を平然と受けとめて、当たり前のように行動します。ですから、自己を強く演じれば演じるほど尊敬され、いい友人も得られます。

　ただ、同じことを日本人に対してすると、けっこう、軋轢を生んだり誤解を受けたりします。それは覚悟してほしいところです。しかし、ここで述べる「勧戒3・勧戒4・勧戒5」は、それを中和してくれます。ですから日本人に対しても積極的に使ってみてほしい。そうして、そこで生まれる新しいキャラクターを自分のものにしてほしいと思います。

　自分の身体のまわりにつくりだされる「透明なドーム」の本質は、自分が放

つオーラです。つねに、そのオーラに包まれているようにしてください。その
オーラは、自己肯定的な自己認識から生まれます。自分を価値ある人間だ、魅
力あふれる人間だ、誰もが自分を好きになってしまうと確信し、それを全身に
にじませます。根拠も裏づけもいりません。そう思ったときからそういう人間
になるだけのこと。

　巨大なシャボン玉を想像してください。自分が動くとそのシャボン玉も一緒
に動きます。シャボン玉の中心にはいつも自分が入っています。シャボン玉、
つまり透明なドームの中には明るく楽しい空気が満ちています。そのドームは
目には見えませんが感じることができます。誰かがドームの半径に入ると、そ
の人も楽しくなり心がはずみます。すべて自分が放射する肯定的な Radiation
（放射線）の力です。絶えず肯定的で、積極的で、明るく楽しい気分を放射し
ていると、アメリカ人のように、何者にも打ち勝てる愛のよろいを身にまとう
ことになります。それが透明な自己肯定のドームです。

　すでに述べた大物スターが放つ自己愛のオーラです。アメリカ人は文明をつ
くった自負をもって生きています。電気をつくり、鉄道を敷き、車をつくり、
石油を掘り、電話を発明し、飛行機を飛ばし、今日の物質文明を生み出したの
は間違いなくアメリカ人です。その自負とうぬぼれが彼らの無意識のオーラを
放射させています。戦後まもなくは、日本は敗戦国でしたが、当然、アメリカ
は光に包まれた国でした。すべてのアメリカ人が魅惑的なシャボン玉の中にい
るような気がしたものです。アメリカ人のそばへ行くと、なんか楽しそう、な
んかいいことがありそうと感じたものです。ここではそれ以上の意味はないの
ですが、英語を話せる度合いが強くなるに応じて、誰もがそういうキャラクタ
ーを発散しはじめなくては嘘なのです。

勧戒 5 　笑顔とユーモアで武装する

- ☐ 笑顔は、日々の絶対条件
- ☐ ユーモアも、日々の絶対条件
- ☐ 笑顔とユーモアに、あらがえる者はいない
- ☐ 笑顔は、認識の余裕
- ☐ ユーモアは、行動の余裕をつくる
- ☐ 笑顔とユーモアは他者への信頼の証

　もう少し積極的な戦術を話します。それは笑顔とユーモアです。

　たとえ西洋社会といえども会社の中は縦社会ですし、社会にも上下関係はあります。上の人間はやはりえらそうにしていて権力ももっています。でも彼らもみな人間です。いつも笑顔をたたえ、ユーモアをふりまき、愛に満ちた言葉をつかう人間に対しては、誰が敵意を抱けるでしょうか。そんなキャラクターは誰からも好感をもたれ、好ましく思われるはずです。そのようなキャラクターを今日から実践してください。

　日本人に一番欠けているのは笑顔です。日本の大人たちはみな「しかめ面」をして暮らしています。難しい顔をしているほど「大人」だと言っているかのようです。でもこれは国際スタンダードから外れています。海外では余裕があり、できる人間ほどスマイルを絶やしません。そもそも「しかめ面」は周囲に対する威圧であり、攻撃であり、過剰防衛です。嫌われて当然です。

　また日本人はユーモアを解しません。お笑い芸人がこれほどもてはやされているのに、ちょっとでもフォーマルな場でユーモアを披露できる日本人は珍しい存在です。しかし海外では、スピーチでもユーモアを交えて聴衆を笑わせることができないと、そのスピーカーは軽蔑されます。すぐに知性なしと値踏み

されます。海外では知性とユーモアはイコールです。これも日本人が国際スタンダードから大きく外れている現実です。海外ではスマイルとユーモアはできる大人の必須要件です。

　日本人はこの暗黙のルールに鈍感です。気づいていないのかもしれません。英語は、英語で喧嘩ができて、英語でジョークが飛ばせるようになって一人前です。「上下関係を無視する」というポリシーだけでは波風が立ちます。損をすることも多いでしょう。でも同じ無視をするにしても、笑顔とユーモアを使えば、目上の人のほうから態度を軟化させてくるので、「無視する」必要もなくなります。最初に「戦術」といいましたが、本当は「戦術」ではダメです。真の笑顔とユーモアと、本物の愛に満ちた態度で自分の価値をつくりつづけ、日々を暮らすようにするのです。それはおのずと本物のキャラクターを育て、誰をも魅了する無敵のキャラクターができあがるでしょう。かっこつけたことを言っているように聞こえるかもしれませんが、これを本気で実行できたら無敵です。自己実現して人生を謳歌しているアメリカ人には、そういう人たちが無数にいます。自分のキャラクターを意識的につくりだす行為も楽しいものです。英語を話して暮らしていると、これが無理なくできるようになります。アメリカで暮らしている日本人、みんないい顔しているでしょう？

　でっかいハートをもって、笑顔とユーモアを絶えずもち、周囲を自分の一部にしてしまいましょう。絶えず英語でジョークや駄洒落を飛ばせるようになってください。冗談が口から出るということは、そこに人間関係の相互信頼がある証拠です。この「勧戒5」を実行しつづければ、外国人と英語を話すとき、たっぷり潤滑油を注いだ歯車のように、軽妙に口からポンポン英語が飛び出してゆくようになります。

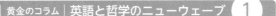

| 黄金のコラム | 英語と哲学のニューウェーブ（1）

目から英語を入れても、
ダメ！

　高校受験の英語は誰にとっても必要なものです。そこを無視すると、英語は永遠に話せるようになりません。中学で学ぶ英語はすべて「話す英語」の役に立つ。これは絶対的な現実。では大学受験の英語はどうでしょう？　問題はそこにあります。大学受験に必要な英語の知識はピンからキリまであって一概にはいえません。でも大学受験英語の学び方の延長線上に「話す英語」はない。これは断言できます。

　だから、「話す英語」と大学への受験英語は別物と割り切ったほうがいいのです。両者の最大の違いは、目から英語を入れるか、口から英語を出すかという目的の違いです。目と口はつながっていないので、いくら目から英語を入れても口から英語は出てきません。

　英語を話すには、英語を話したときの音響を頭蓋や口腔内に響かせて、その音響の感触を自分の脳みそにおぼえさせてやる必要があるのです。脳みそに英語の音の響きを体験させてやるって感じです。しかも何度も反復しないとダメ。小学校1年生、2年生のとき、国語の教科書を家で大きな声を出して何度も読んだ記憶があるはずです。あれが絶対に必要です。あれを家でやらなかった子は教室で恥をかいただろうし、言語能力も伸びなかったはずです。たぶん勉強でも落ちこぼれていったはず。やるべきことをやらないと、必ずそうなります。まったく同じことが大人の「話す英語」についてもいえるのです。

声に出さないで、文字を目で見るだけで話せるようになる人なんていません。だから、参考書を目で読むだけでは話す力にはならない。例文やまとまった文章をちゃんと声に出して、反復、反復、反復を鉄則にして、自分の口から出る音を意識化し、音と意味の一体感を実感しないとダメなんです。言葉の習得原理はスポーツと同じです。愚直な反復をした人だけが勝利します。高校時代の体育系の部活を思い出してください。いわゆる「小賢しい人」は頭が悪いのです。このようなアドバイスをバカにして無視するから。愚直な人は、結局、「頭のいい人」になる。フィリピンの大学や企業で日本語を教えていて、「えッ、そこまでいくの？」と思った人たちにたくさん出会いました。そこで気づいたことは、そういう頭のいい人達はみな、指導や忠告にすなおだったこと。

口から声を出そうと思っているのに、目から音のない文字を入れて、どうして口から音が出てくるのでしょう？　ありえません。理に反したことを何十年、何百年やっても無駄なこと。日本の英語教育は根本的に理に反しています。言葉は、話すためにある。おまけに英語は、すでに生存のツール。個にとっても、国家にとっても。だから、話すという目標に背を向けた英語教育はすでに邪道です！

聴くのが先か？
話すのが先か？

「話すのが先」です。つまりアウトプットが先。「聴くのが先」と思っ

ているのは単なる錯覚です。それは大人が言葉をおぼえるメカニズムを、赤ちゃんが言葉をおぼえるメカニズムと同じと錯覚しているから。素人のほとんどがこの錯覚を信じています。大人はすでに、言語を吸収するメカニズムが母語でできあがっています。つまり、母語の理解を介さずに外国語はインプットもアウトプットもできないように頭がなっています。しかし赤ちゃんは、脳みそがまっ白で、何語でも吸収できる状態で生まれてくる。幼児の頭もその状態を保っています。すべての人間がその状態で母語を修得する。そんな赤子や幼児の母語修得プロセスを大人にも適用できると考えるから、「聴くのが先」という錯覚が起こるのです。しかもこの錯覚の裏には、「なんにもしなくてもいいんだよね。ただ、黙って聴いていればいいんだよね」という安易な心理的逃げ口上<ruby>上<rt>こうじょう</rt></ruby>がひそんでいる。でも、そうは問屋はおろしません。

　世間では、この程度の分析もできないようですが、こういう錯覚も日本人が150年間英語を話せずにきた原因の一部だと思います。もう、目を覚ましましょう。「聴いているだけでしゃべれるようになる」なんてことは、絶対にない。言葉は音楽やメロディーではない。言葉は意味を生み出す音声の構造であり、その構造の規則性が文法です。大人はその母語文法の体系が脳の中にできあがっているので、その体系に新しい言語を投影してやらないかぎり、学ぼうとする新しい言語は位置づけを得られません。つまり、音楽として空転しつづけるだけになります。

　日本人にとっての外国語、特に「話す」目的で向き合う外国語は、頭の中の「変換」の訓練が絶対に必要です。その「変換」に慣れながら、最後には「変換」なしでもアウトプットできるように目指すべきです。

それをいきなり変換なしにジャンプはできない。このメンタルなレベルでの「日→英」変換プロセスの理論構築と、実践的な血肉化の方法を、明治維新以来150年間、日本人は発見できなかった。英語は、話せるようになれば、同時に、そうなった分だけ聴いてわかるようにもなります。

　一ついい方法を提供します。自分の脳を英語脳にするには視覚を遮断するのが一番です。目から言葉を入れて、口から言葉を出そうなどというナンセンスな発想はやめてください。耳から情報を入れて、聴覚刺激だけで頭を働かせ（実際はモード・チェンジのプロセス）、それをいきなり口から出す訓練をするのです。だからテキストは閉じること。教科書は一切見ないで、耳からのインストラクションだけで脳みそを働かせ、即刻その結果を口からアウトプットする訓練を重ねるのです。これは、教室で行う IA メソッドの基本的な訓練法です。

| 黄金のコラム | 英語と哲学のニューウェーブ　3

慣用句の丸暗記、
時間のムダ！

　慣用句は確かに魅力的です。書店へ行くと、『これで話せる英語表現200』とか、『冴えた英語のための慣用句300』など、目をひく本がたくさん並んでいます。ページをめくっても、すぐにでも使いたくなるような表現が目白押し。つい買ってしまう。でも……、それが時間のムダになります。

　英語を話そうと決意して慣用句へ向かう気持ちはよく理解できます。

でも、その判断は甘いのです。頭の中にたくさん慣用句を入れれば、自然とそれらが口から出てきて英語が話せるようになる気がするでしょう。しかしそれは錯覚なのです。理由を説明します。①まず、根本的なことですが、誰もが自分の思考が日本語であることを忘れています。②慣用句はおぼえきれません。100の慣用句を丸暗記しようとしても、記憶に残るのは2つか3つです。消える表現はすべてムダになります。これが人間の頭の限界であり現実です。ここを無視していくら暗記に時間をかけてもムダ。③海外へ行っても、おぼえた慣用句を使える場面になかなかぶつかりません。これは、いやになるほど体験しました。現実は、自分が期待しているとおりにはあらわれてくれないのです。④万が一、おぼえたフレーズをバッチリ使える場面にぶつかっても、使った瞬間、相手に返す言葉が用意されていないことに気づきます。それはそう。会話なんて双方向ですから、話がどう展開するかわからない。しかし、現場ではどうにもならない。

　会話の流れは千差万別。予測は不可能。慣用句につぎこんだ膨大な時間とエネルギーは必ずムダに終わります。慣用句の暗記はある程度話せるようになってから、自分の表現を華麗に彩るのに使えばいいのです。英語を話すには、まず汎用性（はんようせい）の高い原理をつかむべきです。いつでも、どこでも、どんなふうにでも使える「表現の原理」をまずつかんでください。それはあります！　それをつかんで、それを中学英語の文法体系にぶちこむだけ。それでプロのジャーナリストが使っている表現力と同じ力が自分のものになります。難しそうに見えるのは単語だけ。それで、根底になる全天候型英語はあっという間に実現します。

一番根本的な判断ミスは①を忘れていること。話そうと思うことは、頭の中に日本語で浮かびます。ですから、その日本語を処理しないかぎり英語にはならない。初心者が慣用句をたくさん頭に入れたら、それらが勝手につながって、自由自在な表現力に変わるような魔法などどこにもありません。ほとんどの日本人が、そこを錯覚しています。慣用句は魅惑的ですが、会話の中では一種のスパイスにすぎません。まず、話法の原理をつかむことが先です。

| 黄金のコラム | 英語と哲学のニューウェーブ　4

発音は二の次、三の次。
どうでもいい！

　発音に関する理解も日本人の錯覚の一つです。日本人が他人の英語を評価するとき、その人の話す内容を聴き分けて「上手ですね」と判断できる人はほとんどいません。ほとんどの日本人は話の内容を把握できないので、発音がアメリカ人の発音みたいかどうかだけで判断します。それで耳への印象が似ていればそれだけで「すごいですね。ペラペラですね！」と言う。これはナンセンスです。

　彼らは言葉を音楽と錯覚しているようです。そして、言葉を音楽のレベルで判断する力しかもっていないようです。しかし言語は音楽ではない。音楽は音響のイメージであり、感情を刺激するだけの道具です。日本人は音楽を神聖視しすぎています。音楽に人間の思考は定着しません。

　極論を恐れずいうと、英語の発音はどうでもいい。インド人の発音を

知っていますか？　彼らはあのくせの強い特有の発音をなんら恥じません。あれで世界中のIT業界を渡り歩く。しかもTOEFLでは世界で第2位（2019年）。日本人のLとRの発音がよく問題視されますが、あれも気にすることはない。Give me additional Lice!（ご飯、おかわり）と海外の日本レストランで言って、本当にLice（シラミ）が出てくることは絶対にない。ちゃんとRice（ご飯）が出てくる。その程度の問題です。ボクの恩人の教授ですが、フィリピン人は「tsu」の発音が難しいので、彼は「ミ**チュ**ビシ（三菱)」と発音した。だから何？　彼はオックスフォード大学に留学した人です。フランス人の英語の発音だってモゴモゴしていて、自閉的な音楽のようだけど、それで彼らは頭を疑われるでしょうか？

　　日本人は英語の中身を聴き分けられないので、発音で判断するしかないのだと思います。ダライ・ラマの英語、聞いたことあるでしょうか？決して流 暢ではない。でも彼の英語の講話を世界中の白人が首をたれて聴く。言葉とはそういうものです。言葉の本質は思考の中身。確かに各国には発音に流儀があり、アメリカ人の発音はとけたチーズみたいで難儀です。でも、それとて慣れてまねすればいいだけの話。それ以上の意味はない。発音を気にするより、話す中身を磨きましょう！

　　突然、誰か知らない人にペラペラ〜と英語で話しかけられて、すぐに聴き分けられる日本人なんてザラにいません。海外にいて耳がまわりに慣れていれば別ですが、日本国内でそれができる日本人なんて、ほとんどいないと思う。それほど、耳は慣れを要求します。それはけっして恥ずかしいことでもなんでもない。耳とはそういうもの。

LGBTQ？
違う！　BiSH（ビッシュ）だ！

「言葉を失う衝撃」、といったらおおげさでしょうか。「言葉にできない衝撃」、といったほうが正確かもしれません。ですから、月並みな言葉では肉薄できないのですが、自分が受けた「衝撃」をどうしても言葉にしておきたいと思うのです。

　それは感性の勝負に出た若者たちの暴挙であり、それを受けとめた日本の若者たちの正直さの勝利でした。だから、言葉がなかったのです。「楽器を持たないパンクバンドBiSH」のことです。BiSHとは、「Brand-new idol SHiT」の略で、「新生クソアイドル」と称されていた若い女性6人のパンクバンドです。魂がパンクなのです。制作者たちの魂もパンクであり、彼女たち6人も、各自のパンクな魂をみごとなまでに表現しきっていました。パンクミュージックの本質が確かに、そこにありました。

　彼女たちは「クソアイドル」ではありません。クソのようなこの時代に怒りをぶつけた「真正の魂の少女たち」でした。時代の証言者でした。でしたというのは、このグループは2015年に結成されて、2023年6月末、すでに解散しているからです。今はもうない、永遠の追憶です。

　嘘がなかったのです。その個性に、その眼差しに、その歌に。どれほど傷ついているか知れない日本中の若者の心を、彼女たちは、自分の感

性を通して怒りをこめた芸術に高めていました。その一人、最年少のアユニ・Dは至高の美でした。繊細で、壊れそうで、不安そうで、しかし負けない少女。大人になる前の、子どもでもなく、女性でもなく、一時の蜻蛉（かげろう）のような妖精。真に中性的なむきだしの魂。それを彼女は、その眼差しで日本中に確信させました。パンク流に「清掃員」と呼ばれたファン達が熱狂した理由に、実感として共感できました。ファンはみな自己の感性に正直でした。

　ほんとに今の世は「クソッタレ」です。Shit! と叫ばずにいられない時代です。その時代感を、BiSH は見事に表現しきっていました。エンターテインメントというビジネスをこれほどまでみごとに逆手に取ったすべての制作者と、BiSH の６人と、そして彼らを支えた全 BiSH ファンに敬意を表します。アイナ・ジ・エンドさんは映画出演を皮切りにソロアーティストで、セントチヒロ・チッチさんもソロ活動で歌と執筆へ、ハシヤスメ・アツコさんはマルチタレントの道へ、モモコグミカンパニーさんは作家の道へ、才気あふれるリンリンさんはファッションやデザイナーや絵画の世界へ、そしてアユニ・D さんはギターを握って舞台に立ち歌い続けます。みなに心から声援を送ります。この筆は今、解散直後にとっているのです。すべての人間の魂が男か女である前に神の無垢（む く）なる分身であることを BiSH は比類なきまでにこの世に刻みつけました。ありがとう！

「かなかな虫」が、
増えました

　この虫が急に気になりだしたのは日本のバブル経済がはじけた1980年代後半のこと。日本人が急に「かなかな虫」に変わり始めたんです。日本人はかつて「かなかな虫」ではなかったので、変だなあと感じ始めました。たとえばこんな感じ。「英語は、話せた方がいいの**かな**と、思います」。こういう「かな」の使い方が急に増えだしました。それまでは日本円にブイブイいわせ、バブリーな風潮に強気で酔いしれていた日本人が、バブルがはじけると急に意気消沈。誰もかれもこんな日本語を使い始めたのです。今では「かなかな虫」は日本中に蔓延している。

　日本語で「かな」の「か」は疑問の終助詞。疑問だから、自分で判断できないときに使います。「彼は来るの**か**？」とか、「これは本当に食べられるの**か**？」というときは、自分で判断がつかない判断中止の意思表示です。それが疑問の本質。問題は、このような「か」の使い方が「〜と思います」という判断表現と一体で使われていることです。これは文法違反。言葉に神経質な自分としては、これは看過できない現象でした。なぜなら、「か」を使って「私にはわからない」と言っていながら、「〜と私は思う」と文を結ぶのは明白な論理矛盾だからです。

　上記の日本語が変なのは、英語にするとよくわかります。英語に直訳すると、I think whether 〜 or not. となってしまう。これはありえない。でも英語ならこんな場合、I don't know whether 〜 or not. と

明瞭に「私にはわからない」と切り出します。ここは絶対に英語のほうが正しい。「か」を使って「私にはわからない」と言っていながら、「〜と私は思う」と結ぶのは横車の押しすぎです。これは断定を避けたいと思っていた当時の日本人の気弱な心理のあらわれでしょう。「か・な」ともう一つの終助詞「な」も添えて、心理のあいまいさを助長させているのもその証拠です。

| 黄金のコラム | 英語と哲学のニューウェーブ ⑦

笑っていたら、警官が許してくれた

フィリピンでの体験。フィリピンにハワイみたいな素敵な場所があります。それはスービック（Subic）という場所。もともとアメリカ海軍の基地のあったところで、アメリカのにおいがプンプンする街です。マニラ首都圏から高速に乗って車をぶっとばすと3時間くらいでつく。ボクはそこへよく行きました。金、土、日と週末を過ごすには最高の場所だったから。

そこは1991年にピナツボ火山が爆発して、基地全体が灰をかぶり、滑走路なんかがダメージを受けてから米軍がそこを放棄して出ていった。横須賀みたいな立派な港湾施設がまるごと残ったその場所を、フィリピン政府は国際工業団地と観光地に転換しました。そしてそこへ進出してくる海外企業には、輸出入に税金をかけない保税区にしてしまった。日本、台湾、韓国の企業がドッと進出しました。街はハワイみたいに華やいで、山中には立派な元将校ハウスがたくさんあって、まわりの森は

兵士のゲリラ訓練なんかをしていた原始林（Virgin forest）。もう最高の場所！　ビーチもたくさんあった。

　そこは全域独自の交通ルールがあって、慣れるまで難しかった。交差点では一旦停止どころじゃなく、エンジンはフルストップ。これが難しく、すぐには慣れなかった。警官が隠れて見ているから、違反をするとすぐに罰金。あるときボクもやっちゃった。「どうせ金払えばいいんだろ！」と割り切って、近づいてくる警官を見ながら、最初から車の中で笑っていた。罪の意識ゼロ。

　免許証の提示を求められた。ニコニコして「ハイ！」てな感じ。そしたらその警官、「キミはいつも、そんなふうに笑っているのか？」ときいてきた。ボクは「そうだよ！」と満面の笑顔でこたえる。「キミ、日本人だろ？」「うん！」「キミ、いい奴だなぁ！」と言う。「そうお？」と返す。「今後気をつけなさい。行っていいよ」と。「えッ、罰金は？」ときくと、「キミはニコニコしていて、いい奴だから、罰金はいらない！」。ボクはキツネにつままれたみたいな気持ちで発進。その警官、ずっと手を振ってくれているのが、バックミラーに映っていた。空は抜けるように青かった。「なんていい国なんだ！」「本物の笑顔って、こんなにすごいのか？」「これからも、ずっと笑顔を絶やさないぞ！」不思議な、うれしくなる余韻が、心の中でいつまでも消えませんでした。

一神教と多神教

　一神教と多神教という理解は日本と西洋の違いを理解するとき、とても的を射た理解の仕方なんだけど、これを厳密に考えると、少々ややこしい問題になってきます。というのは、ヨーロッパの古い時代はどこも多神教だったからです。BC7000年頃、考古学では古ヨーロッパという言葉を使いますが、その世界は多神教だった。地理的にいったら、エーゲ海とアドリア海周辺域、バルカン半島中央部および東部、ドナウ川中流域、西ウクライナあたり。

　その地域の社会構造は母系・母権の定住農耕社会で、平和な世界を築いていたようです。大麦・小麦・種々の豆類を栽培していた。さまざまな自然力が崇拝され、特に生命や多産を象徴する卵生動物が神聖視され、ヘビとかカエルとか、卵自体も聖なる存在だったようです。発掘された土器の文様に、そういう図柄が描かれている。この伝統は、のちのギリシャ神話の多神教的発想につながっていった可能性がある。というのはこの平和な社会は東方から襲ってきた好戦的部族に消滅させられたあと、その一部がクレタ島のミノア文明に残ったと推測されているから。これは一つの仮説。

　するとその東から襲ってきた部族というのが気になる。これが今の西洋人全般につながる印欧語族と呼ばれる集団らしい。BC4500年頃には今の黒海とカスピ海の間、南は今のジョージアがあるカフカス山脈以

北、西は今のウクライナ西部、東はカザフスタン、北は今のロシア南部みたいな広大な草原にいた牧畜・遊牧の民。そこで当時話されていた言葉が印欧祖語といわれる言語。現在のすべての西洋言語のもとになった言葉。この広大な草原域で暮らしていた人々は牛や羊を放牧して生きていた。だから彼らは、家畜に食べさせる草を求めて移動することを宿命づけられていた。

　その彼らがBC4120〜BC4040年頃にいきなり襲ってきた極寒の気候異変によって、牛や羊の草を求めて西へ西へと移動して、古ヨーロッパ世界と衝突し、定住集落を襲撃して滅ぼしてしまったらしい。この遺構がクルガンと呼ばれる墳墓。この墳墓がウクライナ西部やバルカン中央部にたくさんある。この移動に長けた印欧語族の生存形態がのちの「連れて歩ける」一神教を生み出す原動力になったとボクはにらんでいる。人間はどこで生きようと、神なしで生きてゆけるほど強くはなかった。人間が神という観念のよるべをつくりだし、そのよるべの観念をテコにして生きる力にしてきたようです。

　神、なんともまあ、やっかいな存在です。人間の心がつくりだした観念であることは自明なのに、人はそれを受け入れない。創造の根源を別の言葉でつかめるときが来たら、神を理由に争うことぐらいはなくなるかもしれない。

一神教の神って、
どんな神？

　この疑問を解くカギは2つあります。一つは印欧語族のインド・イラン部族。別名アーリア人。インドは日本と同じ多神教の国。でも歴史をさかのぼるとインダス文明を滅ぼしたアーリア人がインド大陸に流れ込んできたのはBC1500年頃。彼らの源流は今のイランだった。その証拠はちゃんとある。たとえば古代インドのインドラ、ヴァルナ、ミトラなどの有名な神々の名が、古代イラン・ミタンニ朝の王がヒッタイト王と結んだ契約書の中に書き込まれている。またインドの神々への賛歌集『リグ・ヴェーダ』とイランのゾロアスター教の聖典『アヴェスター』の間にも無数の比較言語学上の共通点がある。

　おもしろいのは、イランの一神教につながる神々が、かつては部族を統括する力、つまり「社会制度上の観念」だったこと。たとえばインドのミトラ神。「ミトラ」の原義は「契約」。羊の放牧には委託放牧がつきもので、「契約」は牧畜民にとって最重要の社会概念だったし、移動中に行う襲撃・略奪の成果の分配は「契約」で規定されたから、「契約」は最重要の社会通念だった。こういう社会制度上の強制力をもつ観念が牧畜・移動民がどこへ移動しようとも「連れて歩ける神」になったようだ。これが一神教の神が生まれた根源的な背景だろう。神観念は、山や海なんかの自然神だけをイメージすると錯覚する。ここは、日本人にとっては見えない部分。

もう一つはユダヤ教。ユダヤの民はもともと、メソポタミア文明の周辺部で羊を放牧していた民族。彼らは都市に住む富裕者から羊の放牧を請け負っていた。その後流浪の民となり、エジプトで奴隷となった。その奴隷状態から彼らを救い出したのが預言者モーゼ。でも精神分析の大御所フロイトによると、モーゼはユダヤ人ではなくエジプト人。彼はエジプトでいきなり一神教をひろめたアクエンアティン王の有力な側近だったらしい。

　エジプトの一神教は民衆に不評ですぐに捨てられた。でもモーゼはユダヤ民族の解放を工作して一神教の復活をユダヤ民族に託したようだ。そのとき利用されたのが、当時無名の一部族神だったヤハウェ。この無色透明の神が急きょユダヤ民族を率いる役をになわされた。ドイツ系ユダヤ人のフロイトはそう分析する。だからこそヤハウェは背景も実態も不明で、しかし全能で、その後世界中を放浪することになるユダヤ民族と一緒にどこへでも移動し、ユダヤ民族をしばりつづけた。

　フロイトの分析は尊重されるべきだが、誰もそこにふれない。ふれるかぎりは、あらゆる解釈が変更を要求され、世界解釈のすべてが変わる。それほどなのに、いや、それほどだから、みな避けて通る。

黄金のコラム｜英語と哲学のニューウェーブ（10）

歴史をつらぬいているのは「移動」の原理

『馬・車輪・言語』という本を読んでいて、とてもおもしろい表現にぶ

つかりました。それは「より移動可能な経済」という表現。思わず、「なるほど！」とうなった。謎が解けた気がしました。ほぼ1万年の人類史を一つの視点から振り返ることができ、しかも本書の結論みたいな話にもなる。人類の進化と飛躍をつらぬいていたのは①牧畜・遊牧という**移動の経済**、②馬という**移動の手段**、③一神教という**移動する観念**、④通貨という**移動する富**だったようです。この「移動」の原理を握った者が人類史を支配したようなのです。

　まず、①牛と羊の牧畜は、生産手段と一緒に移動しながら人間が生存圏をひろげるのを可能にしました。羊は移動する食肉であり、その毛は移動する衣料資源であり、メスは無限増殖の移動資産です。牛も同様。西洋人は牛を連れて北米へ渡りカウボーイ（cowboy）となり、オーストラリアも羊の国に変えました。ブリテン島へ渡る前のゲルマン人はやたらめったら戦闘に強かったが、アングロ・サクソンの殺戮（さつりく）への偏執（へんしゅう）は牛と羊の屠殺（とさつ）という行為でめざめた宿痾の狂気と思えてしかたがない。いや、違う。旧約の観念自体が、生き物の屠殺（しゅくあ）の観念で塗りこめられている。「罪」の観念は、まさにそこに淵源（えんげん）がある。

　次に、②野生馬を支配するハミ（くつわ）を発明したのもBC4800年頃の印欧語族。彼らが馬の背に乗ったこと（horseback riding）で人間の行動範囲が一気にひろがりました。戦車（chariot）を駆って弱い部族をなぎたおし、幌馬車（wagon）の移動は北米での追憶ともなりました。

　そして、③周囲の自然環境にしばられない一神教の観念は、世界中で

侵略と略奪の行為を正当化しました。ラス・カサス著『インディアスの破壊についての簡潔な報告』は、一神教文明の本質と、殺戮の狂気を生々しく伝えています。④西洋人とりわけユダヤ民族は上記すべての条件を持っていました。迫害された歴史が逆に彼らを世界中に移動・拡散させたわけです。そして散らばった土地と土地をつなげて通貨の「移動」を具現化する金融というシステムを構築しました。そうして世界まるごとがそのネットワークに飲み込まれてしまいました。

　今「移動」の領域は宇宙空間にまでひろがりつつあります。人類は「移動」の原理をどれだけ手に入れるかで勝負が決まるようです。「力による現状変更は断じて許さない」と空念仏をとなえて何もしない日本の姿は無知のきわみでしょう。世界史も人類史も「力による現状変更」でつくられたのですから。人類史における「移動」の原理が、「食む者と食まれる者」の関係を生み出したようです。では、**言語**がどのように**移動**の力とつながったのか、それは次作、『英語を話す人になる！② ひっくり返せば、英語は話せる』で解明します。

Point 結論：日本人が、英語を話すべき理由

　本書がここまでに主張してきた最大のメッセージは、「話す英語」では、まず、「心理モード＝気分」を変えなければいけないということでした。日本語モードの気分のままでは、英語の開放的で攻撃的な言語は駆使できません。意識的に、しかも瞬時に、日本語の「気分」をOFFにして、英語の「気分」に切り換えるのです。それを「心理モードの変換」と呼びました。

　なぜそうしなければいけないかというと、英語という印欧語の中に脈々と引きつがれている能動的な生存原理と主観的な精神原理にスイッチを入れないと、英語の本質が発動しないからです。言葉は口から出てくる単なる音声なのではなく、もっと根っこの部分にある自覚されない「情動（emotion）」の発露だからです。日本語を使うより、英語を使うほうが、この危機の時代においては、生存の力が圧倒的に強化されるのです。日本民族が、この危機に直面して消えていっていいという論はないでしょうし、なんとか生き延びなければならないことに反論する人もいないでしょう。

　でもその方策を、英語に結びつけて、そして日本語と英語の本質を理解したうえで、言語モードの変換という意識レベルの結論を、現実に生きる姿につなげる方策として提案した人は過去にいないはずです。ですから、本書の提案は、日本民族の生存にとっての、数千年単位での未曽有の提案になっているはずです。これが誇大妄想ではないことは、ここまで読んでくれた方々にはすでに明白なはずです。

　わたしたち日本人はもっと、感情表出を大胆にして、主観的、能動的な生き方を選び取るべきです。それを観念論でいくら述べ立てたところで、それが無

力な提案にしかならないことは誰にもわかります。でも実際に「話す英語」に取り組むことは、現実に日本人の意識を変え、思考を変えるのです。それは、「ケンタッキーの→フライドチキン」という日本語を英語にするだけで、「Fried chicken ← of Kentucky」というメンタルな思考の流れの逆転を強制されるからです。そこへの自覚と反復は、啓蒙書(けいもうしょ)を何十冊も読む以上の覚醒(かくせい)をうながします。言語は思考を変え、生存本能を変える現実の力なのです。これが、わたしたち日本人が、今の時代に英語を話さなければならない最大の理由です。

国の言語政策がドラスティックに変わるのを待っている時間はありません。また、たぶん、それはできないでしょう。「もう〜少し、様子をみよう」という２千年来の思考習慣が、この危機においても変わるとは思えません。しかし、個の生存の競争は、もうとっくに始まっています。以上が、本書のメインテーマであり、日本民族が「話す英語」の力を獲得しなければならない、最大の理由です。そして、このメインの理由のほかに、日本人が「話す英語」を自分のものにすべき、もう少し別の補足的な理由があるのです。それを最後に説明したいと思います。

1つ目の理由：世界の共通語は話せて当然だから

日本人が英語を話すことには、前記のメインの理由のほかにも、別の大きな理由があります。それは、英語という鏡を通して日本語や日本文化を客観視し、さらには日本人であることの意味を問い直すことができるからです。英語は間違いなく、日本人にとって「真逆の鏡」なのです。

使い古された言い方ですが、インターネットの出現で、世界は変わりました。その変貌した世界のコミュニケーションは、英語という世界言語によって統一されつつあります。なぜ英語が世界を統一するのでしょう。それには深い理由があります。

それは、英語がきわめてニュートラルな印象を与える言語だからです。英語

はほかの言葉にくらべて、土着的色彩が薄いとどの国の人にも感じられている
のではないかと想像されます。フランス語やドイツ語にくらべても、文化的固
有性や特異性が比較的希薄です。英語はどこの国の人々にも受け入れられやす
い性格をもっているようです。ラフないい方が許されるなら、ドイツ語は硬く
て楽しくないし、フランス語は発音がモゴモゴしていて排他的です。

　日本語だって「わび」「さび」など、英語に訳しようがありません。訳して
も違うニュアンスになってしまいます。日本語は、多くの言葉の概念があいま
いで感性的です。感性は概念やロジックに変換しようがありませんから、言葉
の意味を普遍化できません。このような文化や風土の固有性からくる排他性が
英語は比較的希薄に感じられます。その理由の一部は、現代につながる英語が
姿を整えたのは18世紀半ば頃からの話で、他のヨーロッパ言語に比較して圧
倒的に遅いのです。遅いということはそれだけ現代のわれわれに近い感性で文
法をはじめとする諸側面が整備されたことを意味しますので、異国の言葉であ
るにもかかわらず、違和感が比較的薄いのです。ここで英語史の説明をするわ
けにはいきませんが、多様な文化や習慣をもち、異質な発想をもつ人々でも、
英語を共有すれば誤解が生まれにくくなる現実があります。

　わたしはフィリピンでずいぶん英語の契約書を書きました。もちろん最後は
弁護士にチェックしてもらうのですが、自分で英語の契約書を書くとそれがよ
くわかります。「三単現の -(e) s」や、「定冠詞」や「不定冠詞」を正確に使い
分けてゆくだけで誤解の発生しない、かつごまかしのきかない簡潔な契約書が
生まれます。今日のビジネス・オリエンテッドな世界においては、英語のこの
簡潔な文法原理が欠かせないツールになっていることがよくわかりました。

　文化や社会背景が違っても、英語は簡潔なコミュニケーションツールとして
世界中の人々に共有されやすい性格をもっているのです。英語には、世界中の
人々が共有できるミニマムな相互理解の言語原理が担保されています。だから、
英語は世界の共通語としてひろがりつづけ、その地位と役割は将来もゆらぐこ
とはないでしょう。英語がもつこのニュートラルでシンプルな性格が、世界が

小さな村社会になりつつある現代にぴったり合っているのです。善悪は別として、グローバリゼーションの世界的状況に一番コミットしやすい性格をもっている言語が英語なのだといえます。ですから、それを使いこなす能力は、書く英語であれ、話す英語であれ、絶対にこれからの日本人には欠かせない能力なのです。

2つ目の理由：話す英語は超簡単だから

英語の意識すべき2番目のアドバンテージは、今述べたことともつながっていますが、「文法が簡単だ」という現実です。ほかのいろいろな言語にくらべると、英語は文法が圧倒的に簡略です。「冗談言うな！　ウソ言え！」「オレがどれだけ英語で悩んできたと思うんだ？」と思うでしょうが、簡単なのです。「難しい」と思っているのは、日本人の英語の学び方や教え方が間違っていたからです。難しく教えてきて、難しいとだまされてきたから、難しいと思っているだけなのです。英語ほど文法のやさしい言語はありません。それはほかの言語と比較するとすぐにわかります。英語はドイツ語から生まれていますが、圧倒的にドイツ語より文法が簡略です。ドイツ語は男性・女性・中性の性の違いが名詞にも冠詞にも反映してすこぶる煩雑です。しかし英語にはそれが一切ありません。英語には冠詞は a/an と the しかないのですから。しかもこれらはなんの変化もしません。

ラテン語から生まれたスペイン語やフランス語と比較しても、英語は動詞の活用が信じられないほどシンプルです。記憶を要するのはほんの一部の不規則動詞だけです。フランス語とスペイン語の動詞は辞書の巻末の活用表を見るだけでやる気をなくします。

言葉は本来、「話す」ための手段です。「話す」という目的からアクセスすれば、文法のやさしさでも頭抜けている英語は、さらに圧倒的にシンプルな言語としてわたしたちの目の前に立ちあらわれてきます。しかし日本では「話す」という目的をどこかへ置き忘れ、「読む」ことに英語の主眼を置いてしまいま

した。しかもその勉強の目的は学ぶ人間の能力を育てるためでなく、選別を目的にしてエゴの競争に利用されてしまいましたので、英語を学ぶ行為は「楽しさ」から大きくそれてしまいました。これは日本人がこうむった悲しい受難です。わたしたちは、英語教育の過去のあやまちにもっと真剣に向き合い、あやまちはあやまちとして客観視すべきでしょう。そうしなければ新しい一歩は生まれません。

とはいえ、「話す英語」に軸足さえ置けば、それはそれでシンプルで楽しい英語が待っています。英語のシンプルさや簡便さをもう一度発見しなおし、英語を自分の人生を生きるための役に立つ「道具」としてつかみたいものです。「話す英語」を獲得するだけで、生きてゆける世界が世界中に拡大するのですから、これほどのよろこびはないはずです。特に若者には、ぜひそこに気づいてほしいと思います。

「話す英語」は簡単です。「話す」という目的で英語にアクセスすれば、「話す」目的から外れる内容はすべて捨ててもいいからです。日本人を苦しめてきた英語はその90パーセントが捨ててもいいものです。まずこの無駄と不経済からオサラバしましょう。どんなにかすっきりすることでしょう。

3つ目の理由：日本人には使命があるから

「話す英語」を学ぶべき3番目の理由は、より大きな理由です。「国際人になる」とか、「自由に海外へ行ける」とか、そんな理由ではありません。「日本人とは何か？」という問いの本質に関わる問題です。

日本人とは何者なのでしょう？　何が日本人の本質なのでしょう？　伝統ですか？　習慣ですか？　テクノロジーですか？　違います。外形的な要素はすべて二義的な意味しかもちません。日本人の本質はわれわれの思考パターンそのものです。すでに親しんでいる言葉を使えば、日本人の本質は「日本語モード」の思考パターンそのものであり、そこから出てくる世界理解の特異性です。

それが日本民族の本質です。

　ただし、条件がつきます。日本人を日本人たらしめている一般的な文化や価値を主張するだけではダメなのです。その奥にある何かをつかまなければなりません。つまり、日本的な思考パターンの奥にどんな普遍的な価値や秘密があるかを探し出す必要があるのです。いわゆる日本的な価値の中にあるもので、世界中の人々に共有してもらえるなんらかの普遍的な価値や原理を探し出すことが求められているのです。違いを主張し合っているだけでは人類はいつまでも平和な世界をつくれません。日本の文化の中には間違いなく、多様な人間がともに生きてゆける原理が隠されています。

　それは一切の生き物をふくむ自然と人間の関係に対する汎神論的な観念です。それはインドや日本にしかないもので、西洋の文明原理の中にはありません。それをいかに全人類が共有できる観念や原理として抽出できるか、それが日本民族の双肩にかかっているのです。それこそが日本民族の使命だと思われます。

※汎神論：神を擬人化し人格をもった神と認めず、存在するすべてのものは神と同一であるとする思想

　そしてそれは、絶対に英語で表現されなければならないのです。

　日本語でいくらそれを発表しても、力にはならないでしょう。日本人が自分の英語で、直接、自らの口から語らなければ世界の人は聴いてくれません。ここに気づいている日本人が、いったい、どれだけいるのでしょう？　それほどに日本人が「話す英語」を獲得することは人類的なミッションなのです。日本人が「話す英語」の力を獲得すべき理由はとてつもなく重いのです。

４つ目の理由：新しい日本人が生まれてくるから

　最後に、もう一つあります。「話す英語」という「鏡」をもたない日本人は、自分が「日本語モード」で思考していることを知りません。つまり日本的な思

考パターンを客観視できていません。英語が日本語からみて真逆の「思考モード」であることを知らないからです。150年前の日本人と何も変わりません。ドイツの文豪ゲーテも、「一つの言語しか知らない者は、言語を何も知らないのである」と言ったそうです。まさに名言ですが、ここでいう厳密な意味は、「話せるもう一つの言語」と解されるべきです。

　日本人が「話す英語」の力を獲得してゆく過程では、自分の頭の中に「モード変換」する力と、もう一つ「モード変換」している自我が育てられてゆきます。これは日本人の新しい自我の誕生を意味します。「日本語 ➡ 英語」、ときには「英語 ➡ 日本語」という変換を頭の中でくりかえしているうちに、「日本語モード」すら意識していなかった古い自我を超える新しい次元の自我が生まれてきます。

　これは日本人の主体性の変革につながります。自分の頭の中に「日本の心」と、「西洋の心」の両方を知る新しい意識、つまり新自我が生まれるからです。これは新しい日本人の誕生を意味します。羅針盤もなく漂流を続ける80億の人類がどこへ向かおうとしているのか、この問題を、単に自分が日本人であるという意識を超えて考えられるのは、そういう意識に到達した日本人だけです。そういう日本人に若い日本人がならないで、いったい誰がなるというのでしょう。

　目で「読む英語」をいくら学んでも、それは実現しません。日本人は変われません。

　これは断言します。英語を目で読む力は日本人にとって基礎力であるべきです。「話す」ための切迫した状況で英語のロジックを使いこなし、簡潔な英語をアウトプットできるようになって、はじめて意識は変わるのです。英語のロジックで瞬時に「話す」ことを強いる急迫性が、日本人にとっての異質な思考をきたえ、育ててくれるからです。

　以上が、「話す英語」をこれからの日本人が獲得しなければならない補足的
な４つの理由です。

― 了 ―

参 考 文 献

The Feeling of What Happens, by Antonio Damasio, Vintage Books, London 2000

Looking for Spinoza, by Antonio Damasio, Vintage Books, London 2004

Self Comes to Mind, by Antonio Damasio, Random House, NY 2010

The Strange Order of Things, by Antonio Damasio, Robinson, Great Britain 2021

The Aristocratic Military Ethos of Indo-Europeans and Primordial Origin of Western Civilization, Part I & II, by Ricardo Duchesne, Comparative Civilization Review

『生存する脳』アントニオ・R・ダマシオ著・田中三彦訳　講談社

『無意識の脳 自己意識の脳』アントニオ・R・ダマシオ著・田中三彦訳　講談社

『感じる脳』アントニオ・R・ダマシオ著・田中三彦訳　ダイヤモンド社

『自己が心にやってくる』アントニオ・R・ダマシオ著・山形浩生訳　早川書房

『進化の意外な順序』アントニオ・R・ダマシオ著・高橋洋訳　白揚社

『古ヨーロッパの神々』マリヤ・ギンブタス著・鶴岡真弓訳　言叢社

『馬・車輪・言語（上・下)』デイヴィッド・W・アンソニー著・東郷えりか訳　筑摩書房

『ことばの考古学』コリン・レンフルー著・橋本槇矩訳　青土社

『人類の起源』リチャード・リーキー著・今西錦司監修・岩本光雄訳　講談社

『ゲルマーニア』タキトゥス著・泉井久之助訳　岩波書店

『ガリア戦記』カエサル著・近山金次訳　岩波書店

『イーリアス（上・下)』ホメーロス著・呉茂一訳　岩波書店

『神・人・家畜』谷泰著　平凡社

『「聖書」世界の構成原理』谷泰著　岩波書店

『多神教と一神教』本村凌二著　岩波書店

『モーセと一神教』ジークムント・フロイト著・渡辺哲夫訳　筑摩書房

『ユダヤ人とは誰か』アーサー・ケストラー著・宇野正美訳　三交社

『ユダヤ教の誕生』荒井章三著　講談社

『一神教の起源』山我哲雄著　筑摩書房

「古代インドイランの宗教から見た一神教」　後藤敏文　同志社大学 21 世紀 COE プロ
　　グラム、2006

「インド・アーリヤ諸部族のインド進出を基に人類史を考える」　後藤敏文　国際哲学研
　　究3号 2014

『ヨーロッパ経済史Ⅰ─牧夫・イヌ・ヒツジ』　中川洋一郎著　学文社

『ヨーロッパ経済史Ⅱ─資本・市場・石炭』　中川洋一郎著　学文社

『インディアスの破壊についての簡潔な報告』　ラス・カサス著　染田秀藤訳　岩波書店

『日本人の思惟方法』　中村元選集第3巻　中村元著　春秋社

『ヨーガ　Ⅰ』　エリアーデ著作集第9巻　ミルチャ・エリアーデ著・立川武蔵訳　せり
　　か書房

『ヨーガ　Ⅱ』　エリアーデ著作集第 10 巻　ミルチャ・エリアーデ著・立川武蔵訳　せ
　　りか書房

『英語の歴史』　スタンダード英語講座［3］　渡部昇一編　大修館書店

『英文法を知ってますか』　渡部昇一著　文藝春秋

『はじめての英語史』　堀田隆一著　研究社

『日本の英文法ができるまで』　斎藤浩一著　研究社

『統辞構造論』　チョムスキー著・福井直樹＆辻子美保子訳　岩波書店

『統辞理論の諸相』　チョムスキー著・福井直樹＆辻子美保子訳　岩波書店

『言語の脳科学』　酒井邦嘉著　中央公論新社

『チョムスキーと言語脳科学』　酒井邦嘉著　集英社インターナショナル

あ と が き

　最後に、筆者がフィリピンに長期滞在していた頃、日本からやってきた大学生たちにどのように「話す英語」を教えていたかを紹介したいと思います。「心理モードの変換」という言葉の意味をリアルにわかってもらえると思うからです。

　ボクはマニラ首都圏の中心部マカティ市と呼ばれるビジネス・タウンのど真ん中、東京でいえば銀座４丁目みたいなところに語学普及財団を構えていましたが、自分がロータリークラブに所属していた関係で、英会話セミナーの主要部分はそのクラブハウスで開催していました。そのクラブハウスはとりわけ豪華で、そこにはプールもテニスコートも、ジムもレストランも、そしてバーもあり、たくさんの会議室があったのです。セミナーは一番豪華な会議室を使ってひらいていました。そこにはビジネスマンや弁護士や大学教授など、クラブの親しい仲間たちが三々五々集まってきます。アメリカ人やオーストラリア人もしょっちゅうやってきます。まさに国際的な英語サロン。そういう絶好のアンビアンス（雰囲気・まわりの環境）を利用していました。

　セミナーは３週間ぶちぬきで、24時間英語漬けの集中特訓です。

　参加者はまずクラブハウス近くのホテルにチェックインします。学生たちはホテルに荷物を放り込み、まずボクの財団にやってきます。すでに夕方ですが、約２時間のオリエンテーションをひらきます。いろいろな注意事項を話したあと、心理モードを変えるためのあるたくらみを実行します。心理モードの講義は翌日ですが、到着直後にその一部を始めてしまいます。学生たちは全員英語を話せません。その彼らに、「話す英語」は、間違いなど恐れる必要はない、と説明します。しかし彼らの顔は半信半疑。そんな反応は想定済みです。

　やるのは英語版「わらしべ長者ゲーム」。概略を説明したあと、みんなで近

くの豪華なデパートまでゾロゾロ歩いてゆきます。デパートにつくと地下のフードコートへ直行。そこでくわしい説明をします。カバンの中から日本を感じさせる何か小さなものを出してもらいます。ペンでも、消しゴムでも、きれいなハンカチでも、なんでもかまわない。それをもって好きなフロアーへ行き、フィリピン人の買い物客たちに英語で話しかけ、記念に何かと物々交換をしてくれないかと頼ませるわけです。そうして手に入れたものを、また違う客に話しかけ、さらに高価な何かと交換させます。制限時間の中で誰が一番高価なものを手に入れるかを競争させます。彼らにはまだ英語は何も教えていませんが、そんなことは関係ありません。言葉より感情が先。それになんといっても大学生ですから、なんとかなるのです。OK, go!　の掛け声で、上のフロアーへ追い立てます。泣きそうな顔をしている学生もいますが、ボクは冷たく背を向けます。

　時間になると彼らは手に手に戦利品をもってもどってきます。彼らの目は爛々と輝き、よろこびにあふれています。外国人と直接話せた感激、英語が通じた感動、目的を達成した勝利感やら、興奮やらに包まれています。驚くことにほとんどの学生が物々交換に応じてくれた相手とのツーショットをスマホのカメラに収めていました。「話す英語」は心をひらかないかぎり始まりませんが、彼らはこうして、こちらのたくらみとフィリピン人の陽気さに助けられ、毎回苦もなく心をひらいてしまいます。日本の若者はもともと明るく快活。彼らの心理モードはこうしてマニラ到着後数時間で切り換わります。好奇心と積極性が刺激されればあとはどうにでもなります。そのあとの夕食は満面の笑みと、哄笑の渦と、自慢話の嵐。到着初日はこうして終わります。

　翌日からセミナー。例のクラブハウスで午前中３時間と昼食後の２時間はIAメソッドの講義と演習。すでに自由に話せないもどかしさを実感しているので学び方は真剣そのもの。乾いた砂が水を吸い込むようにスキルを吸収してゆきます。講義のあとは現地の英語教師とのフリートーク。美男美女の先生たちは年代も近く、会話は楽しくないはずがありません。話すテーマや会話の進め方、話題の掘り下げ方などは事前につめてあります。

　基本的に、前半をこうして消化します。1週間強でなんとか話せるようになります。朝から晩まで寝ている時間以外は英語、英語ですから進歩ははやい。しかも会場のクラブハウスにはボクの友人たちがおもしろがってやってくるので、その彼らが即興の会話相手になる。また近くのショッピングモールへ行けば店の店員たちも会話相手になる。夜は夜でクラブハウスのバーで英語の歌のカラオケ・コンテスト。その間も英語での雑談や冗談が絶えない。寝る間も惜しい感じで前半が過ぎます。

　後半は学び方をガラッと変えます。スタッフをふくめた全員で小さな島へ出かけるのです。バスと船を乗りついで人口2万人ほどの島へゆきます。泥棒のいない島、犯罪率ゼロの島。出かけるときに家にカギをかける島民などいない。犬もめんどうくさそうに道路わきに寝ころんで、見知らぬ学生を目にしてもほえることすらしない。南国の熱風の中でうるさく声をあげているのは鶏だけ。そんな島へ出かけるのです。町長はボクの友人ですからいかなる問題も発生しようがない。島民はほぼ全員きれいな英語を話す。その島で何をするのか。

　学生たちは前半の講義ですでにしゃべれるようになっていますので、それに磨きをかけるわけです。それには高度な課題を与える必要がある。彼らには英語でフィールドリサーチをさせるのです。島の産業や経済規模、資源、行政システム、選挙制度、自然環境、医療システム、教育制度、家族構成、年齢分布、年収などなど、さまざまなテーマを英語で調査させる。数人ずつのグループに分け、グループごとに取材テーマを与え、取材の仕方を教える。理屈っぽい英語、硬い英語、厳密な表現を体験させなければ話す力は伸びません。趣旨を理解させたうえでまた、OK, go!　彼らは嬉々として村々に散ってゆきます。

　島といってもひろいので、歩くだけでなくジープニーやトライシクル（乗合タクシー・三輪車タクシー）を使って移動します。学生たちは少年少女探偵団みたいな気分で島中を走りまわります。取材の合間にはきちんと休日も設けるので、海で泳いだり、小舟で沖へ出たり、山でジャングル探検したりと、南国

レジャーも満喫させます。夜は夜でもちこんだカラオケセットでのど自慢。村人たちもやってくる。村のダンスパーティーがあれば飛び入りで真夜中まで踊り続けます。南国の夜空は満天の星。

　近くの小学校に出かけていって校長に頼み込み、小学生たちと臨時の運動会も開催します。それもすべて英語。何をするにも英語。相手と折衝したり再確認したりするにはどんな言い方をするか、物事の設定や変更にはどんな表現を使うか、自分や相手の身体の動きをどう表現するか、すべてを体験的に学ばせ吸収させます。

　話せるようにならないほうが不思議です。学生たちはリサーチしながら、遊びながら、調査結果をどんどん英語でパワーポイント化してゆきます。島でのすべてが終わる頃にはそのまとめも完成しています。こうして南国生活を300パーセントの満足でしめくくり、マニラに戻る。マニラではロータリークラブの仲間たちが待ちかまえている。彼らの前でコンピューターでまとめたプレゼンテーション資料を映し出し、リサーチの結果を英語で報告です。質疑応答はすべて英語。学生たちはなんの苦もなくやりとげる。彼らはこうしてたった３週間で一生使える財産を手に入れるのです。

　英語はまずもって、心をひらき、気分を明るく楽しくし、自分を積極的にすることから始めるべきです。日本人であることを忘れるような感覚が必要です。自分自身のこのような体験的認識が「心理モード」に結晶しています。「心理モードの変換」は頭だけで考えた産物ではありません。ボク自身がフィリピンで体験したゆかいな現実から生まれた必然の産物です。もちろん、学生たちの心をひらかせるに大きな力になっていたのが南国の明るさと、フレンドリーなフィリピン人の性格だったことは間違いないのですが。「話す英語」は好奇心と積極性の発露として獲得されてゆくべきです。本書との出あいから、読者のみなさんのすばらしい飛躍が始まりますように。

　本シリーズの第２巻は、「逆転モード」と名づけた「文法モード」の紹介で

す。読者のみなさまのほとんどすべてが、スマホを使っているはずですが、スマホの便利さに慣れた人には、ガラケーには戻れないはずです。同じ意味で、「逆転モード」から英語が見えてしまった人には、もう過去の英語観には戻れないはずです。それほどの内容を展開するのが次のステップです。

　最後にIAメソッドの恩人を一人紹介します。わたしの20年来の友人の長谷川幸夫氏です。彼はかつて大手鉄鋼メーカーのエンジニアで、在フィリピン日系企業の社長でした。つまり、わたしのマニラ時代のクライアントであり友人でした。彼は東京で起業してからは、日本サイドでわたしのIAメソッドをバックアップしてくれた人物です。そして心理モードを変換する「わらしべ長者ゲーム」の発案者でもあり、マニラのセミナーにも何度も顔を出してくれました。彼は今もIAメソッド普及の最大の協力者です。ですから内輪の人物とはいえ、本書発刊で謝意を告ぐべき人物として彼に勝る人物はいません。ありがとう。

　ということで、とりあえず、第1巻の完了です。

川村悦郎（かわむら えつろう　ボニー・カワムラ）
北海道出身。熱血が抜けない団塊の世代。
現在：文明批評家、多言語速習国際研究所所長。
経歴：20年間フィリピン滞在、サント・トマス大学（UST）大学院准教授、KS メソッド普及財団理事長。
学歴：UST 大学院博士課程中退、東洋大学大学院修士課程仏教学修了、同大学文学部哲学科卒業。
業績：[日＆英] 会話速習メソッド考案。
著書：『神軍の虐殺』（徳間書店）。訳書：『タントラ・ヨーガ瞑想法』『クンダリニーとは何か』（めるくまーる社）。
神奈川県在住。

【IA メソッド英語速習法 公式 HP】

＼読者さま全員プレゼント／
下記 QR コードからアンケートに
答えてくださった方に
英語力アップの秘訣を伝授する
特典をプレゼントします！

常識を覆す IAメソッド英語速習法

英語を話す人になる！① 英語は肉、日本語は米
心理モードを変えよう！

第一刷 2023年9月30日

著 者　川村悦郎

発行人　石井健資

発行所　株式会社ヒカルランド
　　　　〒162-0821　東京都新宿区津久戸町3-11　TH1ビル6F
　　　　電話 03-6265-0852　　ファックス 03-6265-0853
　　　　http://www.hikaruland.co.jp　　info@hikaruland.co.jp
　　　　振替 00180-8-496587

本文・カバー・製本 —— 中央精版印刷株式会社
DTP —— 株式会社キャップス
編集担当 —— 遠藤美保・小澤祥子

デ・ベネシア、フィリピン下院議会元議長を訪問（左側著者）

著者が教鞭をとっていたサント・トマス大学（1611年設立）

理工系の頂点、マプア工科大学での講演（右端著者）

プールのあるクラブハウスで英会話セミナー開催（中央著者）

合宿を終えマニラへ戻る直前のショット。笑顔がすべてを語る

● マニラ首都圏で約10日の集中特訓セミナー。そのあとは、マニラから船で7時間の島へ行き、その島でさらに10日間のフィールドリサーチ。黙っていても英語脳ができあがる。

● たった3週間の英会話ブートキャンプ。日本の大学生達は「話す英語」「話せる英語」という垂涎の武器を手に入れた。そして悠々と大海原へ船出してゆきました。今どうしているか、きっと彼らは本書に気づき、また集まってくるでしょう。

IA 英語メソッドのミッション：①日本民族を「日／英」バイリンガル民族に変えます。②日本人を覇気のある国民に変え、世界平和を英語で語れる国民に変えます。③そのために、日本における「話す英語」教育の先頭に立ちます。④「英語を話せる日本人」を多数育てます。⑤それを指導できる英語教師を多数輩出します。⑥そのための教育コンテンツをどんどん開発します。

IA 英語メソッドの戦術：①各種講演会、短期セミナー、合宿セミナー、海外セミナーを実施します。②英語の先生たちと「新英語研究会（仮称）」を発足させ、日本の英語教育の土壌を変えます。③世界中に IA method のネットワークを広げます。勝ち馬に乗ることを英語では「バンドワゴンに跳び乗る」と言いますが、IA method は、これからの時代の Bandwagon です。

❖ IA 日本語メソッド（旧称：KS Method）の価値と今後 ❖

- IA method は［日本語⇆英語］双方向の語学速習 method です。
- IA 英語メソッドの普及につとめながら、「IA 日本語メソッド」の普及にも着手してゆきます。
- IA 日本語メソッドで日本語を学ぶのは、世界中の英語を話せる外国人です。
- IA 日本語メソッドは英語で日本語を教えます。ですから、日本語教師は英語が話せることが絶対条件です。
- IA 英語メソッドで「話す英語」を身につけると、高学歴者は、IA メソッド日本語教師への道も開きます。
- IA 日本語メソッドは、在来の日本語教育法の10倍のスピードで日本語を習得させます。
- このパフォーマンスは、IA メソッド日本語教師が、世界中の大学や教育機関ではたらく道を拓きます。
- IA method は、語学教育の革命です。その効果はすでに海外で実証済み。
- KS メソッド普及財団の在フィリピン時代、このメソッドを一番評価してくれたのが日本の経済産業省でした。

IA メソッドで学ぶなら、日本語はたぶん、世界で一番やさしい言葉です

英語を話せる外国人なら、あっという間に、日本語を話せるようになります。
外国人は、日本語を話すと、メンタリティーが変わります。
優しく、穏やかになり、協調的で、攻撃性を消してゆきます。
その日本語を教えるイニシアティブを、日本人が握らないで、誰が握るのですか？
日本語は、人類平和の、おそらく究極のカギです。
そのカギをつかう原理は、IA メソッドのなかに、もっともシンプルな形で結晶しています。
世界の平和を先導するのは、［日／英］双方向語学教授法を身につけた日本人です。

つまり、あなたが、IA メソッドで世界平和の扉を開きます

［日／英］IA メソッドをプロモーションするのは？

株式会社ファーストエレメント

ファーストエレメント社は「健康」「農業」「教育」の3つの分野で、日本や世界が直面する課題を解決し、地球を平和で安全な22世紀に導くコンサルティング企業です。ファーストエレメント社は、以下の3つの研究機関から構成されている高度な頭脳組織です。

1．高濃度水素酸素研究所
22世紀の地球文明を牽引する HHO Gas の日本唯一の研究所。HHO ガスは世間で騒がれている水素ガスとは次元の違うものです。応用分野は多岐にわたりますが、最も顕著な効果を示すのが人間の健康促進です。

2．最先端農法研究所
迫りくる食糧危機を克服する研究所。汚染のない安全な農産物をつくるための種々のプラントを開発しています。短期有機肥料プラント、良質の培土設計、循環型農業技術、HHO Gas ナノバブル水併用農法等。

3．多言語速習国際研究所
IA メソッドを開発する研究所。ここで開発された語学メソッドを組織的に国内・国外に発信するのはファーストエレメント社の任務です。種々のセミナーも同社が企画し実施します。セミナー、講演会、研究会など各種の活動内容はファーストエレメント社ホームページで確認できます。https://www.firstelement.online/ または右の QR コードからも可。

神楽坂 ♥(ハート) 散歩
ヒカルランドパーク

『英語を話す人になる！』出版記念セミナーのご案内
今だからこそ「話す英語」！ なぜ？

講師：川村悦郎（文明批評家、多言語速習国際研究所所長）

英語で世界を相手にコミュニケーションをとれるようになりたい／マインドセットから根本的に英語力を高めたい／英語教育の革新的メソッドを学びたい／「話す英語」に興味がある…そんなみなさまにご朗報！　本書著者の川村悦郎さんを講師にお迎えしてのスペシャルセミナーを開催します。意識レベル、心理レベルからの変容を導く驚きのメソッドで、あなたの英語脳を覚醒させましょう！本ではお伝えしきれなかった英語上達の秘訣もお伝えします。ご参加お待ちしております！

目からウロコの英語上達法を直接伝授します！

日時：2023年10月15日（日）　開場 12：30　開演 13：00　終了 17：00
参加方法：会場参加または ZOOM 生配信（事後配信あり）
会場：イッテル本屋（ヒカルランドパーク７F）
料金：12,000円（税込）　　申込：ヒカルランドパーク

ヒカルランドパーク
JR 飯田橋駅東口または地下鉄 B１出口（徒歩10分弱）
住所：東京都新宿区津久戸町3－11 飯田橋 TH1ビル 7F
TEL：03－5225－2671（平日11時－17時）
E-mail：info@hikarulandpark.jp　URL：https://hikarulandpark.jp/
Twitter アカウント：@hikarulandpark
ホームページからも予約＆購入できます。

必読！ ヒカルランドパークメールマガジン!!

ヒカルランドパークでは無料のメールマガジンで皆さまにワクワク☆ドキドキの最新情報をお伝えしております！ キャンセル待ち必須の大人気セミナーの先行告知／メルマガ会員だけの無料セミナーのご案内／ここだけの書籍・グッズの裏話トークなど、お得な内容たっぷり。下記のページから簡単にご登録できますので、ぜひご利用ください！

◀ヒカルランドパークメールマガジンの登録はこちらから

ヒカルランドの新次元の雑誌 「ハピハピ Hi-Ringo」 読者さま募集中！

ヒカルランドパークの超お役立ちアイテムと、「Hi-Ringo」の量子的オリジナル商品情報が合体！ まさに"他では見られない"ここだけのアイテムや健康情報満載の１冊にリニューアルしました。なんと雑誌自体に「量子加工」を施す前代未聞のおまけ付き☆ 持っているだけで心身が"ととのう"声が寄せられています。巻末には、ヒカルランドの最新書籍がわかる「ブックカタログ」も付いて、とっても充実した内容に進化しました。ご希望の方に無料でお届けしますので、ヒカルランドパークまでお申し込みください。

量子加工済み♪

Vol.3 発行中！

ヒカルランドパーク
メールマガジン＆ハピハピ Hi-Ringo お問い合わせ先
● お電話：03 - 6265 - 0852
● FAX：03 - 6265 - 0853
● e-mail：info@hikarulandpark.jp
・ メルマガご希望の方：お名前・メールアドレスをお知らせください。
・ ハピハピ Hi-Ringo ご希望の方：お名前・ご住所・お電話番号をお知らせください。

ヒカルランド　好評既刊＆近刊予告！

今こそ「英語を話す人」になる時だ！
全部そろえたくなる「話す英語」のバイブル登場！

同時刊行!!　常識を覆す IAメソッド英語速習法
英語を話す人になる！②

第1巻　英語は肉、日本語は米（心理モードを変えよう！）
第2巻　ひっくり返せば、英語は話せる（逆転モードを知ろう！）
第3巻　英語は、前置詞で話すもの（前置詞ユニットを使おう！）
第4巻　即興で話せる、ネイティブの英語（拡大モードで話そう！）
第5巻　This is a penは、魔法だった（叙述モードで突破しよう！）

著者：川村悦郎
Ａ５ソフト　定価 本体1,800円＋税（各巻とも）
※第3巻〜第5巻は順次刊行予定のため予価。タイトルは変更になる場合が
　あります。